Paul Fournier

DES COLLÈGES INDUSTRIELS
DANS L'EMPIRE ROMAIN

Des Droits du Mari & de la Femme
SUR LA FORTUNE MOBILIÈRE PROPRE
À LA FEMME MARIÉE EN DEHORS DU RÉGIME DOTAL

Elibron Classics
www.elibron.com

Elibron Classics series.

ISBN 1-4212-1573-X (paperback)
ISBN 1-4212-1572-1 (hardcover)

This Elibron Classics Replica Edition is an unabridged facsimile
of the edition published in 1878,
Paris.

FACULTÉ DE DROIT DE PARIS

DES COLLÈGES INDUSTRIELS

DANS L'EMPIRE ROMAIN

Des Droits du Mari & de la Femme

SUR LA FORTUNE MOBILIÈRE PROPRE
A LA FEMME MARIÉE EN DEHORS DU RÉGIME DOTAL

THÈSE POUR LE DOCTORAT

PRÉSENTÉE PAR

Paul FOURNIER

VOCAT A LA COUR D'APPEL DE PARIS, ÉLÈVE DE L'ÉCOLE DES CHARTES
LAURÉAT DE LA FACULTÉ DE DROIT DE PARIS
E DE L'ACADÉMIE DE LÉGISLATION DE TOULOUSE

L'acte public sur les matières ci-après sera soutenu le Mercredi 19 Juin 1878, à 1 heure et demie.

Président. . .	M. Labbé.	
Suffragants . . .	MM. Rataud, Bufnoir, Beudant,	Professeurs.
	Boistel, Renault,	Agrégés.

Le candidat répondra, en outre, aux questions qui lui seron faites sur les autres matières de l'enseignement.

PARIS
IMPRIMERIE MALVERGE ET DUBOURG
RUE DU CARDINAL-LEMOINE, 41.

1878

A MON PÈRE

A MA MÈRE

DROIT ROMAIN

LES COLLÉGES INDUSTRIELS A ROME

DIVISION DE CE TRAVAIL

Notre étude sur les colléges industriels est divisée en trois parties :

1° Histoire extérieure des colléges ;

2° Leur organisation intérieure;

3° Leur situation juridique.

En appendice, un chapitre est consacré aux corporations de fonctionnaires inférieurs.

PREMIÈRE PARTIE

Histoire des Colléges industriels

CHAPITRE PREMIER

LES COLLÉGES D'ARTISANS SOUS LES ROIS

Rien n'est plus obscur que l'histoire des premiers colléges d'artisans à Rome. Tantôt, sur la foi d'un texte de Gaius (1), on leur a attribué une origine grecque, tantôt on les a fait remonter aux Sabins; d'autres ont cru y reconnaître un débri des institutions des Etrusques. Nous n'entrerons pas dans la discussion de cette question, probablement insoluble ; il nous suffira d'exprimer cette idée, sur laquelle nous reviendrons, que les antiques corporations sacerdotales ont dû exercer une très-grande influence sur la formation des autres colléges ; sans doute, la communauté de culte fut le lien qui, dès les premiers temps de Rome, réunit les membres, non seulement des colléges sacerdotaux, mais de toutes les associations.

C'est au règne de Numa que les historiens rapportent généralement la fondation des colléges d'artisans, Romulus ne se serait occupé que des colléges de prêtres (2).

(1) 4, D., de Coll. et Corp. XLVII, 22.
(2) Macrobe. Saturnales, I, 16.

Quant aux arts manuels, au dire de Denys d'Halicarnasse, il ne voulut pas que les citoyens s'y appliquassent; il en fit le partage des esclaves et des étrangers (1). Nous ne saurions établir la vérité de cette assertion; mais le mépris du travail manuel est un sentiment qui ne fera que se développer avec la puissance et les conquêtes de Rome.

D'après le témoignage de Pline l'Ancien (2), Numa aurait constitué les huit colléges des *ærarii*, des *figuli*, des *tubicines*, des *aurificines*, des *fabri tignarii*, des *tinctores*, des *sutores* et des *fullones*. Ces colléges avaient reçu un rang : Pline attribue le troisième aux *fabri ærarii* et le septième aux *figuli*.

Plutarque (3) pense que Numa partagea en neuf classes, non-seulement les artisans, mais le peuple entier. Comme cet historien ne pouvait citer que huit colléges particuliers, il y ajouta un collége général qui, à l'en croire, aurait compris les laboureurs et tous les autres citoyens. Par une erreur singulière, Heineccius (4) a confondu ce collége avec le *collegium magnum* que nous trouvons dans les inscriptions et qui n'est en aucune façon un collége industriel.

Les colléges créés par Numa étaient loin de comprendre tous les arts nécessaires à la vie (5). Nous n'y voyons

(1) Dyon Halicarn., cité par Heineccius. *De collegiis et corporibus opificum*, dans ses *Opera omnia*. Genève, 1775, t. II, p. 369.

(2) Pline. Hist. natural., l. 18, c. 11.

(3) Plutarque. Numa, XVII.

(4) Heineccius. Loc. cit.

(5) Corpus Inscr. Berolin, III, 6077 et note.

pas figurer de boulangers ; le pain était fait dans chaque maison par les esclaves. Il n'y a point de tisserands : les femmes filaient la laine nécessaire au vêtement de la famille. Il y a point non plus d'ouvriers en fer, le fer n'ayant été travaillé que fort tard dans le Latium ; le soc de la charrue et le couteau sacerdotal étaient faits de cuivre (1).

D'après quelques auteurs, Tullus Hostilius aurait supprimé les colléges que Servius aurait ensuite rétablis. Cette opinion, faite pour expliquer un passage de Florus : *ab hoc (Servius) populus Romanus... collegiis distributus*, ne nous paraît guère admissible. Servius, à la vérité, s'occupa des artisans, mais seulement de ceux dont le métier avait quelque rapport avec la guerre et les armes. En effet, l'établissement des centuries se présente surtout comme une réforme militaire. Deux centuries supplémentaires, celle des *fabri tignarii* et des *fabri œrarii* furent attachées, suivant Tite-Live, à la première classe. *Datum munus*, ajoute cet écrivain, *ut machinas in bello facerent* (2). D'après Denys d'Halicarnasse, les *tignarii* étaient appelés à marcher avec les *seniores* de la première classe, les *œrarii* avec les *juniores* de la seconde. (3) De même deux centuries de *liticines* et de *cornicines* avaient été adjointes à la cinquième classe, suivant Tite-Live, à la quatrième, suivant Denys. Dans la constitution qu'il a donnée à Rome, Servius n'a pas

(1) Mommsen. Hist. romaine, trad. Alexandre ; t. I.
(2) Liv. I, p. 53
(3) Dion-Hal. IV, 17.

cherché à grouper les artisans au point de vue du travail professionnel; en principe, il ne s'inquiète pas de la profession dans le classement qu'il établit; il ne fait d'exception que pour les métiers utiles à la guerre. La foule des artisans dut rester confondue dans la dernière centurie où avaient été versés tous ceux qui ne portaient pas les armes, les prolétaires.

Peut-être cette situation inférieure et cette privation du droit de porter les armes sont-elles une des causes qui contribuèrent à avilir le travail à Rome.

Tarquin le Superbe fit disparaître un certain nombre d'associations. Toutefois, le texte de Denys d'Halicarnasse paraît ne se rapporter qu'aux colléges de *pagani* et de *vicani* dont nous parlerons tout à l'heure (1). Il est permis de croire que les corps de métiers échappèrent à la proscription. S'ils ne différaient pas beaucoup, dans leur forme, des colléges supprimés, leur but était du moins plus utile, et cette considération dut les sauver.

(1) Denys d'Hal., l. IV.

CHAPITRE II

LES COLLÉGES SOUS LA RÉPUBLIQUE

Quoi qu'il en ait été de ces diverses vicissitudes, dès le milieu du Ve siècle avant notre ère, la loi des XII Tables laisse aux associations toute liberté. Elle permet aux citoyens de fonder telle corporation qu'il leur plairait « *dum ne quid ex publica lege corrumpant*.» C'était, au rapport de Gaius (1), une imitation des lois de Solon. Nombreux furent les corps de métiers qui furent créés ou qui se développèrent sous la République à la faveur de cette liberté.

C'est l'époque où les métiers se multiplient à Rome. Les premiers barbiers y vinrent en 454 et les boulangers en 580 (2). « Les boutiques d'artisans, jadis entassées sur le Forum, s'étaient répandues dans toute la ville, et les prolétaires, à côté des affranchis et des esclaves, y gagnaient leur salaire, sous la conduite du directeur de la *taberna*. Cicéron mentionne fréquemment ces *taberna* d'artisans et de petits marchands; et, de nos jours, on peut en voir encore un grand nombre à Pompéï, comme il y en avait dans toutes les contrées de l'Etat romain. »

(1) 4, D., de Coll. et Corp.

(2) Humbert. La condition et des ouvriers libres à Rome. *Recueil de l'Acad. de législation de Toulouse*, t. XVII, p. 395.

Tout lien entre les individus se traduit à Rome par la communication des *sacra*; c'est ainsi que la tribu, la curie, la *gens*, la famille avaient leur culte particulier. La *sacra*, voilà ce qui, à cette époque, nous paraît essentiel à tout collége. Les colléges d'ouvriers devaient joindre à ce but religieux un but industriel; nous pouvons supposer, avec M. Mommsen (1), qu'ils avaient leurs experts qui se réunissaient pour maintenir et affirmer la tradition. Mais, là-dessus, nous en sommes réduits aux conjectures. La loi Metella *de fullonibus* (an de Rome 534), dont parle Pline l'Ancien (2), fait bien allusion à certaines dispositions réglementant le travail des foulons. Mais nous ne pouvons guère tirer de conclusion certaine de ce texte fort peu explicite. La loi Metella, rendue sur la proposition des censeurs, paraît plutôt, à notre avis, une loi somptuaire que l'approbation par le peuple des statuts du *sodalitium fullonum*. « Sans doute, les corporations d'ouvriers cherchaient à écarter de leur sein quiconque n'était pas du métier; toutefois, on ne constate, chez les Romains, ni tendance marquée au monopole, ni garanties organisées contre la fabrication de produits défectueux. Avouons, d'ailleurs, que, parmi toutes les branches de l'histoire économique de Rome, l'industrie est précisément celle où les renseignements nous font le plus défaut (3). »

(1) Hist. rom., I, p. 462 de la traduction.
(2) Hist. nat., XXXV, 17.
(3) Mommsen, t. I, p. 262.

Si les métiers se multipliaient à Rome, si des professions inconnues jusque-là s'établissaient de toutes parts, c'est que la simplicité primitive s'était profondément altérée au fur et à mesure que la guerre avait étendu la puissance du peuple Romain. L'industrie avait pour tâche de satisfaire aux besoins nouveaux d'une civilisation naissante qui allait s'amollir au contact de la Grèce et de l'Asie. Ces circonstances permettraient à l'historien de penser qu'il va assister à nn développement industriel analogue à celui qui, chez nous, fut la conséquence du mouvement des Croisades.

Cependant, quoique les professions nouvelles se fussent multipliées, le travail des artisans ne prit pas une importance proportionnée au développement de la civilisation.

Il faut, en effet, tenir compte d'un fait grave, qui de plus en plus s'imposera à notre attention : les esclaves, peu nombreux aux premiers temps de Rome, se multiplient chaque jour par l'effet des conquêtes nouvelles ; ils font une concurrence redoutable au travail libre. C'est ainsi qu'à côté de la corporation des boulangers, on ne tarde pas à trouver des esclaves boulangers (1). Sans doute bien des textes font foi de la persistance du travail libre ; ainsi, les boutiques d'artisans libres, qui encombraient le Forum, se répandent dans la ville, à l'exception de celles des *argentarii*, qui demeurent au siége de l'activité commerciale. En l'an 426 de Rome fondée, la République fut menacée d'une invasion Gauloise. Tite-Live

(1) Suet., Cæs., 48.

nous rapporte, à cette occasion, qu'il fut question d'armer la masse des ouvriers, quoiqu'ils fussent peu propres au métier des armes (1). Ces ouvriers étaient des hommes libres, car on n'eût sans doute pas conçu le projet d'armer des esclaves. Plus tard, un contemporain de la seconde guerre punique, Terentius Varron, qui s'éleva aux plus hautes dignités, était fils d'un boucher : « Loco « non humili solum, sed etiam sordido ortus : patrem « lanium fuisse fecerunt, ipsumque institorem mercis, « filioque hoc ipso (2) in servilia hujus artis ministeria « usum. »

Le travail libre continua de vivre, mais d'une vie languissante, à côté du travail servile (3). La ruine de l'agriculture, avant le temps des Gracques, augmenta le nombre des mercenaires. De ces différentes causes devaient résulter l'abaissement des salaires et par suite un mécontentement général. C'est l'époque où la démocratie romaine se jette dans les troubles civils qui vont coûter à Rome sa constitution libre et ouvrir la voie aux Césars.

Plus que jamais, à la fin de la République, le travail manuel est dédaigné. Les auteurs classiques opposent avec mépris les *sordidi artes* aux arts libéraux. Cicéron confond dans la même réprobation les artisans qui vivent du travail de leurs mains, et les gens qui achètent pour revendre. Il laisse tomber ces mots, qu'il est pénible de

(1) Liv. VIII, 20.
(2) Liv. XXII, 26.
(3) V. sur cette période : Drumann, die Arbeiter und Communisten in Griechenland und Rom. — Kœnigsberg, 1860.

trouver dans un traité des Devoirs : « Opifices omnes in « sordida arte versantur ; nec enim quidquam ingenuum « potest habere officina (1). » Salluste met sur le même rang lesartisans et les esclaves : « Opifices et servitia ad « Lentulum eripiendum sollicitabant » (2). Aulu-Gelle nous apprend que les Pontifes n'auraient pu mettre au nombre des Vestales une jeune fille dont les parents auraient été esclaves ou se seraient livrés aux *negotia sordida* (3). Partout l'artisan libre est mis à côté de l'esclave, il est au dernier degré de la société romaine.

Sans doute les antiques corporations fondées par Numa ne disparurent point. A côté de ces premiers colléges étaient venues se placer des associations nouvelles. Lors de la dédicace du temple de Mercure (259 U. C.), le Sénat confia au peuple le soin d'instituer le collége auquel appartiendrait le culte de la divinité nouvelle (4). Le collége des marchands fut créé dans ce but. De même les Histrions et les Scribes célébraient leur culte particulier dans le temple de Minerve sur l'Aventin. L'idée religieuse est le fondement des colléges professionnels, elle se manifeste toujours dans la vie de ces corporations 5 .

(1) Liv. II, 21.
(2) Cf. Liv. IX, p. 30, pour le collége des *tibicines*.
(3) De officiis, I, 47.
(4) Sall., Catilina, L.
(5) Aulu-Gell., Noct. Att., I, c. 12.

CHAPITRE III

LES ASSOCIATIONS OUVRIÈRES A LA FIN DE LA RÉPUBLIQUE ROMAINE

Les corporations ouvrières furent-elles touchées par les lois qui, à la fin de la République, supprimèrent les associations? Pour répondre à cette question, il nous importe de suivre les vicissitudes de la législation romaine sur la matière des associations.

La loi des XII Tables n'avait imposé aucune restriction au droit de s'associer. Elle demandait seulement aux corporations ainsi formées de respecter le droit de la cité. Elle défendait aussi les réunions nocturnes : *Ne quis in urbe cœtus nocturnos agitet*. Plus tard, la loi *Gabinia* frappa de la peine capitale les instigateurs de réunions secrètes. Toutes ces mesures n'avaient d'autre but que d'assurer l'ordre public, elles n'étaient point inspirées par un esprit hostile aux associations. Il en fut de même du senatus-consulte qui, en l'an de Rome 568, supprima les associations formées pour la célébration des Bacchanales (1).

Il est certain qu'aux derniers temps de la République, les associations de tout genre, les *sodalitia*, prirent un grand développement à Rome.

(1) Liv. xxxix, 8-18.

La corporation, ou plutôt la confrérie, se proposait comme but, au moins en apparence, un culte quelconque. Les réunions étaient motivées par la célébration de sacrifices suivis de banquets. « Sodales dicti quod una se- « derent, vel quod ex suo datis vesci soliti sint (1). » Dans le dialogue sur la vieillesse, Cicéron place ces paroles dans la bouche de Caton l'Ancien : « Primum habui sem- « per sodales. Sodalitates autem me quæstore constitutæ « sunt, sacris idœis magnæ Matris acceptis. Epulabar « igitur cum sodalibus omnino modice, sed erat quidem « fervor ætatis, qua progrediente omnia fiunt in diem « mitiora » (2). On aurait tort de considérer Caton, d'après ce texte, comme le fondateur des *sodalitates* ; elles existaient bien avant lui. Caton fait allusion aux confréries créées en 550, pendant sa questure, lorsque le culte de Cybèle fut reçu à Rome. Tite-Live nous apprend que les jeux mégalésiens furent fondés à cette occasion (3). Il faut admettre d'admettre d'ailleurs qu'une *sodalitas*, ou qu'un *collegium* était fondé en l'honneur de chaque divinité dont le culte était reçu à Rome. Nous avons vu que le collége des marchands fut fondé en l'honneur de Mercure ; Mercure étant le Dieu du commerce, la confrérie était naturellement limitée aux gens qui vivaient du commerce. Il ne serait peut-être pas téméraire d'assurer que toutes les corporations d'ouvriers eurent une origine analogue et qu'elles ne diffèrent des sodalités dont

(1) Paul. Diac., p. 140. Ed. Pantcoucke.
(2) Cic., de Senectute, XIII.
(3) Liv. xxix, 14.

parle Caton que parce qu'elles sont restreintes aux individus exerçant une même profession.

Des relations qui s'établissaient entre les membres de la *sodalitas* naissait un certain droit : le *jus sodalitii*. Cette expression a été souvent employée par les anciens ; on connaît les vers d'Ovide :

« Sæpe suos solitus recitare Propertius ignes,
« Jure sodalitii qui mihi junctus erat (1). »

Cicéron, plaidant pour Norbanus, dit de lui que, selon la tradition antique, il devait considérer Norbanus comme un fils, parce qu'ils étaient unis par les liens d'une *sodalitas* (2). Aussi était-il défendu à un *sodalis* de se faire l'accusateur d'un de ses confrères dans une cause politique (3). La loi *Repetundarum* lui interdisait d'accepter les fonctions d'avocat pour l'adversaire de son *sodalis* ; enfin, dans un procès, le *sodalis* du demandeur ne pouvait être juge (4).

Parmi les *sodalitates* de Rome, il en est qui ont acquis une certaine célébrité dans les troubles civils ; ce sont celles qui étaient basées sur la division territoriale de la ville. Nous voulons parler des colléges de carrefours, *collegia compitalicia*, voués au service des divinités locales dont le culte, suspendu pour un temps, fut rétabli par Auguste. Ces colléges célébraient chaque année des jeux solennels, *ludi compitalicii* ; ils avaient aussi leur

(1) Tristes. Liv. IV, él. 10, 45-46.
(2) Cic., de Oratore, II, 49. Cf. Justin., l. XX, 4.
(3) Cic. pro, Cælio, II, 26.
(4) Mommsen, de Collegiis, p. 4.

sanctuaire, *sacellum*. A ce genre de corporations se rattachent les *collegia paganorum et montanorum*, supprimés par Tarquin le Superbe, mais restaurés après la chute de la royauté, et existant encore au temps de Cicéron. Toute la plèbe s'enrôlait dans ces associations, subdivisions de la tribu, qui avaient une influence considérable sur les comices et sur le choix des magistrats. Leur rôle politique prit une importance considérable à la fin de la République. Quintus Cicéron, dans la lettre *de petitione consulatus*, écrit à son frère : « Habes... omnes « publicanos, totumque equestrem ordinem,... aliquot « collegia (1) ». Et plus loin, il rappelle les liens de reconnaissance qui unissaient à ce grand orateur quatre sodalités de citoyens (2). Ces corporations, désignées par les noms des personnages qui en étaient les chefs, étaient celles de M. Fundanius, de Q. Gallius, de C. Cornelius, de C. Orcilius. Aussi est-il d'un haut intérêt, pour les citoyens qui briguent les honneurs, de rechercher la faveur des *collegia*, des *pagi*, des *vicinitates*, de tous ceux qui peuvent avoir quelque autorité dans les tribus, « apud aliquam partem tribulum » (3). Les colléges ne ménageaient pas les marques de sympathie à leurs favoris. En 696, lorsque Cicéron fut contraint de s'exiler, tous les colléges de Rome, les *pagani* et les *montani* aussi bien que les autres, avaient manifesté hautement les vœux qu'ils formaient pour son salut (4).

(1) De pet. cons., I.
(2) De pet. cons., V.
(3) De pet. cons., V et VIII.
(4) Cic., pro Sextio, XIV ; pro Domo, XXVIII.

Cependant l'influence de ces *sodalitia* sur les comices ne tarda pas à présenter des dangers. Le sénat voulut couper le mal dans sa racine. Les associations populaires étaient une arme sûre dans la main des fauteurs de désordre; un sénatus-consulte les supprima. En 686 de Rome, sous le consulat de L. Cœcilius Métellus et de Q. Marcius Rex, les *ludi compitalicii* furent célébrés pour la dernière fois; nous avons là-dessus le témoignage formel de Cicéron (1). Asconius rapporte à cette époque la suppression des associations qui se réunissaient pour le mal public: « quæ sine publica auctoritate malo publico « flebant (2). Propter quod postea, ajoute-t-il, collegia « senatus-consultis et pluribus legibus sunt sublata, « præter pauca atque certa, quæ utilitas civitatis desi- « deraret, ut fabrorum lictorumque. »

Nous ne croyons pas que la prohibition portée par le sénat contre les colléges ait été générale; en effet, lorsque Quintus Cicéron écrivait à son frère, vers 690, la lettre *de petitione consulatus* (3), il existait encore légalement ou illégalement des *collegia* qui avaient influence sur les comices. Au milieu de l'obscurité des textes et de l'incertitude des renseignements fournis par les auteurs, nous dégageons ces deux éléments : la prohibition des jeux de carrefour et la persistance de colléges après cette prohibition. Peut-être les colléges prohibés, les *cœtus factiosorum hominum* dont parle Asconius, étaient-ils

(1) In Pisonem, IV.
(2) Cf. Dion Cap., XXXVIII, 13.
(3) De pet. cons., I et V.

des associations éphémères, basées uniquement sur la situation politique et les nécessités électorales, et cependant le *de petitione consulatus* fait encore mention des *sodalitates* de M. Fundanius, de Q. Gallius, etc. Quelles qu'aient été les mesures prises à cette époque contre la liberté d'association, elles ne furent pas bien accueillies par la plèbe. Q. Métellus Celer, consul en 693, avait eu grand'peine, alors qu'il n'était que consul désigné, à faire observer le sénatus-consulte qui prohibait la célébration des jeux de carrefour.

En 696, sous le consulat de Pison, la loi fut ouvertement violée ; les jeux furent repris en dépit de la volonté du sénat (1). D'ailleurs, dès cette époque, le tribun Clodius avait fait rétablir par une loi les colléges supprimés (2). Toutes les entraves législatives furent supprimées, et, comme il arrive souvent, la liberté illimitée dégénéra en licence. Partout on verse dans les cadres des décuries et de centuries les hommes libres de la classe inférieure ; on va même jusqu'à y introduire les esclaves. *Pro Aurelio tribunali*, écrit Cicéron, *delectus servorum habebatur* (3). Ce ne sont pas seulement les colléges supprimés qui sont rétablis; d'innombrables associations se forment de la lie du peuple, *ex omni fœce urbis et servitio* (4).

Cicéron, craignant de déplaire à la multitude, ne s'était

(1) In Pisonem, IV.
(2) Epist. Cic. ad Att., III, 15. Dio, cap. XXXVIII, 13.
(3) Cic., in Pis., V. Ad. Quir., port redit. V.
(4) In Pis. IV; pro Sextio, 25.

pas opposé d'abord à la loi portée par Clodius. Il ne tarda pas à s'en repentir, et l'on sait qu'en 696, sous le consulat de Pison et de Gabinius, il fut forcé de s'exiler (1). Avec Clodius triompha le parti démagogique, c'est-à-dire les artisans et les esclaves. Mais leur triomphe ne fut pas de longue durée. Cicéron fut rappelé au mois de septembre 697, grâce à l'influence du consul Lentulus Spinther; et, quelques mois après, le sénat dissolvait de nouveau, et d'une manière définitive, les associations qui avaient été la cause de tant de troubles; des peines sévères (*ea pœna quæ est de vi*) étaient portées contre les *sodales* et les *decuriati* qui tenteraient de se réunir en dépit du sénat (2).

Si nous nous demandons maintenant quelle fut la situation des colléges d'artisans pendant cette période agitée, nous croyons pouvoir répondre qu'ils ne furent pas atteints par les mesures de prohibition. Cicéron s'indigne à plusieurs reprises contre les associations qui furent supprimées à son retour; mais il est impossible de déduire d'aucune de ses expressions que les individus étaient groupés, dans ces associations, suivant leur profession respective. Sans doute les ouvriers y étaient admis; sans doute ils prirent une part active aux troubles suscités à cette époque par la démagogie, et l'on vit plus d'une fois se fermer les échoppes de Rome, alors que les artisans étaient entraînés par des meneurs sur la place

(1) Pro domo, 5 et 44.
(2) Ad. Quint. fratr., II, 3.

publique (1). Mais rien n'empêche de supposer que les ouvriers qui entraient dans ces *sodalitates* sous une influence politique et dans le but de se rendre maîtres des élections, n'en demeuraient pas moins membres du corps de métier. Quant aux colléges qui tombèrent sous le coup des deux actes du sénat dont nous avons parlé plus haut, ce n'était, nous le répétons, que des associations qui permettaient d'acheter plus facilement les suffrages. On y avait introduit les esclaves sous le couvert d'un but religieux tel que de la célébration des jeux de carrefours; en effet, les esclaves pouvaient, comme nous le verrons, être admis dans les colléges, sous le bon plaisir de leurs maîtres. Mais, au fond, c'était pour la lutte et le pillage que l'on s'organisait; il s'agissait de prendre la revanche de Catilina (2). Aussi l'acte du sénat était éminemment utile. Le sénat supprima les colléges dangereux et maintint, au rapport d'Asconius, ceux qui rendaient des services à l'Etat, comme les colléges de *fabri* et de *lictores* (3). A en juger par les deux exemples d'Asconius, il avait conservé les colléges d'artisans *(fabri)* et les colléges de fonctionnaires inférieurs *(lictores)*, dont nous nous occuperons plus tard. Dès lors les colléges ne se maintiendront plus que par la grâce du sénat et dans les limites posées par la loi. De là la mention si fréquente dans les inscriptions relatives à des colléges : *quibus est sena-tus-consulto coire permissum est.*

(1) Cic., pro Domo, 5, 33, 44, et pro Flacco, 8.
(2) Cic., ad Quint, post redit, V.
(3) Ascon., in Cornel.

CHAPITRE IV

DE LA LIBERTÉ D'ASSOCIATION SOUS L'EMPIRE

Nous avons constaté que, sous la République, la législation romaine avait accepté le principe de la liberté d'association, sans y mettre d'autre restriction que celle de ne point porter atteinte aux lois de l'Etat.

Nous avons vu comment, peu à peu, les partis politiques abusèrent de cette liberté et comment ils se firent une arme dangereuse des associations. Le sénat dut enfin les supprimer, à l'exception de celles qui étaient nécessaires à l'économie de la cité. Il ne faut donc point s'étonner l'hostilité que le gouvernement impérial montra envers ce principe, dont les conséquences avaient si bien servi les démagogues.

Sous l'Empire, le principe de la législation est inverse de celui dont se sont inspirés les décemvirs. Aucun collége ne peut exister s'il n'a reçu l'autorisation du sénat ou de l'empereur. Toutefois, malgré cette disposition rigoureuse, beaucoup de corporations existent, non-seulement à Rome, mais encore dans les provinces; nombreux sont les colonies et les municipes où les inscriptions nous révèlent l'existence d'associations. En effet, le besoin de s'associer est si profondément enraciné dans la nature humaine qu'aucune loi ne pourra l'empêcher de chercher sa satisfaction, et ce n'est pas pour la première fois, dans nos sociétés modernes, que l'association brise toutes les entraves législatives.

En étudiant la période précédente, nous avons dû nous occuper avec quelques détails d'associatons qui ne sont point à proprement parler des associations ouvrières. Sous l'Empire, nous devrons aussi faire rapidement l'histoire des modifications apportées à la législation générale par les associations. Nous étudierons plus particulièrement, dans les chapitres suivants, l'organisation des corps d'artisans et leur situation juridique.

César s'était sans doute trouvé en présence d'associations constituées en mépris du senatus-consulte rendu en l'an de Rome 69, car, au rapport de Suétone, il supprima tous les colléges (1), à l'exception de ceux qui étaient constitués de toute antiquité. *Cuncta collegia prœter antiquitus constituta distraxit*. Ces colléges, conservés à raison de leur antiquité, sont vraisemblablement, avec les anciens colléges de prêtres, les colléges d'artisans que le sénat avait déjà respectés.

Une inscription découverte en 1847 et publiée par par M. Mommsen (2) mentionne une loi Julia, en vertu de laquelle le sénat permet aux musiciens *qui sacris publicis prœsto sunt* de former une association. Le texte de l'inscription est difficile à expliquer d'une manière précise. Toutefois, nous serions disposé à croire, avec M. Momm-

(1) In Cæs., XLII.
(2) Zeitschrift für Rechtswissenchaft, XV, p. 354.

sen, que dès les premières années de l'Empire et probable ment au temps d'Auguste, un sénatus-consulte régla les conditions auxquelles il était permis aux associations de vivre. L'existence de ce sénatus-consulte ne saurait être mise en doute; de nombreuses inscriptions le mentionnent en ces termes ou en termes analogues : *Quibus ex senatus-consulto coire licet.* Au titre du Digeste, *de collegiis et corporibus* (XLVII, 22), le jurisconsulte Marcien fait mention, à plusieurs reprises, du *senatus-consulte* qui prohibe les *collegia illicita.* Nous remarquons surtout la loi 3, §. 1, qui s'exprime ainsi (1) : « In « summa autem, nisi ex senatus-consulti auctoritate, vel « Cæsaris, collegium vel quodcumque tale corpus « coierit, contra senatus-consultum et mandata et cons- « titutiones collegium celebrat. » Auguste suivit à l'égard des corporations la politique de César (2).

Ses successeurs ne supprimèrent pas les associations, ainsi que l'a affirmé Heineccius. Mais ils poursuivirent résolument la politique déjà ancienne à Rome : autoriser les associations dont le but est connu et utile, poursuivre celles dont le but paraît dangereux pour la sûreté de l'État, dont les réunions trop fréquentes offriraient un moyen facile aux ennemis de César de se concerter ou pourraient dégénérer en orgies. La correspondance de Pline avec Trajan nous donne sur ce point des renseignements d'une grande importance. — Un incendie avait fait de

(1) Cf. 3, 1, D. III, 4.

(2) Collegia, præter antiqua et legitima, dissolvit. Suet., in Octavium, XXXII.

grands ravages à Nicomédie ; l'insouciance des habitants, le manque de secours, le défaut d'organisation, avaient aggravé le désastre. Pline demande à Trajan s'il n'y a pas lieu d'établir un collége de cent cinquante artisans, *fabri*. Il aura soin, dit-il, que l'on n'y reçoive que des artisans et qu'on ne fasse point servir à un autre but le privilége accordé. Mais Trajan n'agréa point cette proposition (1). La province, dit-il, est agitée par des factions, et dès qu'un collége aura été formé, il s'y établira, au moins passagèrement, des *hetæriæ*.

Les magistrats romains, dans les provinces, eurent fort à faire pour réprimer et dissoudre les associations dangereuses. Comme il arrive toujours lorsqu'il s'agit de faire observer un principe de législation directement opposé aux besoins de la nature humaine, ils durent user d'une grande tolérance et laisser subsister, sauf à les dissoudre le cas échéant, des associations qui n'avaient pas reçu l'autorisation officielle. Parmi les associations qui jouissent d'une tolérance interrompue par des persécutions violentes, il faut citer tout d'abord les chrétiens. Dans la lettre célèbre que Pline écrivit à leur sujet, il est surtout préoccupé de leur réunion ; il nous décrit à sa manière les premières agapes et paraît les considérer comme des *hæteriæ*, comme des réunions défendues et dangereuses, réunions auxquelles les chrétiens auraient renoncé à la suite de l'édit par lequel Pline, suivant les ordres de Trajan, avait défendu les associations, *quo (edicto) secundum mandata tua hætærias esse vetueram*..

(1) Epist. Plin., X, 42 et 43.

Plaçons-nous maintenant à l'époque des jurisconsultes classiques. Un texte de Marcien nous donne l'état de la législation. Il pose d'abord en principe la prohibition des *collegia* (1). Puis il déclare licites les colléges de *tenuiores*, sous certaines conditions que nous énumérerons plus loin.

Que sont ces *tenuiores* auxquels il est permis de former des colléges? Nous trouvons les *tenuiores* mentionnés (2) dans un texte de Callistrate; or ce texte se rapporte incontestablement aux colléges d'ouvriers; Callistrate s'occupe, en effet, de l'immunité concédée aux membres des colléges, *in quibus artificii sui causa unusquisque adsumitur*, et il cite comme exemple le collége des *fabri*. Donc les corporations de *tenuiores* auxquelles Marcien fait allusion, et que la législation impériale a respectées, sont des corporations d'ouvriers. Elles sont composées de *tenuiores*, c'est-à-dire de gens d'une fortune médiocre; en effet, dans la cité, les citoyens les plus riches étaient attachés à la curie municipale; au-dessous de la curie se plaçaient les colléges, entre lesquels les artisans étaient

(1) 1 et 3, D., XLVII, 22.

(2) 6, 12, D., L. 6. Quibusdam collegiis vel corporibus, quibus jus coeundi lege permissum est, immunitas tribuitur; scilicet iis collegiis vel corporibus, in quibus artificii causa unusquisque adsumitur, ut fabrorum corpus est, et si qua eamdem rationem originis habent, id est, idcirco instituta sunt, ut necessariam operam publicis utilitatibus exhiberent. Nec omnibus promiscue qui adsumpti sunt in his collegiis immunitas datur, sed artificibus duntaxat... Sed ne quidem eos, qui augeant facultates et munera civitatum sustinere possunt, privilegiis, quæ *tenuioribus* per collegia distributis concessa sunt, uti posse plurifariam constitutum est.

distribués dans le but d'assurer les services publics.

Les conditions auxquelles peuvent exister les colléges d'artisans se rapportent à deux points : il est défendu aux colléges de se réunir plus d'une fois par mois ; il est défendu à un individu de faire partie en même temps de deux colléges. La première condition s'explique par la crainte qu'éprouve le gouvernement impérial de voir se multiplier des assemblées nombreuses. La seconde résulte de principes que nous exposerons plus loin : le *collegiatus* devant assurer l'exécution d'un service public, et étant obligé envers sa corporation quant à sa personne et souvent quant à ses biens, il est difficile de concevoir qu'il puisse faire partie de deux colléges et remplir ainsi deux services à la fois.

Ainsi donc, sous l'Empire, les colléges sont interdits en principe; une exception est faite pour les *collegia tenuiorum* (1), c'est-à-dire pour les colléges d'ouvriers. Ces ouvriers se proposaient parfois, comme un des buts de leurs associations, d'assurer à leurs membres une sépulture honorable ; de là les colléges funéraires, si fréquents sous l'Empire, et dont les premières communautés chrétiennes empruntèrent la forme. Les chrétiens purent ainsi se protéger contre la rigueur des lois qui prohibaient les associations.

(1) Ces colléges paraissent avoir compris d'autres membres, sorte de membres honoraires, qui ne pouvaient participer aux priviléges des *tenuiores*. (Voir le texte de Callistrate, cité plus haut.)

CHAPITRE V

LES COLLÉGES D'ARTISANS SOUS L'EMPIRE

Les colléges d'ouvriers furent, comme nous l'avons dit, respectés par Auguste, qui, dans un intérêt d'ordre public, prononça simplement la dissolution des associations dangereuses. Auguste dut favoriser les corporations qui répondaient à un besoin social ; il était de bonne politique d'encourager le mouvement corporatif, pourvu qu'on le plaçât sous la direction des Césars. C'est le but que poursuivirent les empereurs. Ainsi nous voyons Auguste attribuer un terrain aux *geruli* ou porte-faix (1). Dès cette époque, le pouvoir favorise le développement des corporations chargées de services publics. Depuis longtemps, il existait, en Egypte, des corps de *navicularii* chargés de transporter à Rome le froment dû par la province.

Sous les premiers empereurs, de semblables colléges furent partout constitués ou réorganisés. D'abord on se préoccupa de la navigation fluviale : il y, eut dans la Bétique, des *scapharii* (2) et des *lintrarii* chargés de transporter à Cadix l'huile et l'*annona*. En Gaule, les mariniers de la Saône et du Rhône (3) approvisionnaient

(1) Fasti duumvir. Pompei, p. 82; cité par Humbert, p. 419.
(2) Corp. Berol., II, nº 1180.
(3) Boissieu. Inscr. de Lyon, p. 393. Orel. 42-44

les légions de la Germanie supérieure ; sous Tibère, les mariniers de Paris conduisaient à la mer les blés de la Gaule, pour les envoyer ensuite vers les bouches du Rhône et de l'Escaut. Des corporations de *nautæ* existent dans plusieurs villes du Nord de l'Italie (1). Partout dans l'Empire, la navigation fluviale appartient à des associations de ce genre.

Au commencement du IIe siecle, les colléges de *navicularii* sont créés pour la navigation maritime. Au témoignage de Gaius, confirmé par de nombreuses inscriptions, ces colléges existaient non-seulement à Rome, mais encore dans les provinces, sous le règne de Marc-Aurèle (2). Peut-être avaient-ils été institués par Trajan.

Gaius nous parle aussi des colléges de *pistores* et d'autres corporations de métiers qui existaient de son temps. Il est certain qu'au second siècle, les colléges étaient nombreux et répandus dans tout l'Empire. Les textes des jurisconsultes classiques sur lesquels nous aurons occasion de revenir, en font foi. Cependant les empereurs se défiaient de toute association dont la fin n'était pas d'utilité publique; les lettres que Trajan écrivit à Pline en sont la meilleure preuve. Dès lors, les colléges autorisés paient la liberté que leur laisse le pouvoir par les services qu'ils rendent à l'Etat et aux villes.

Si l'administration impériale poursuit avec sévérité les corporations illicites, elle multiplie et favorise les collé-

(1) Corp. Inscr. Berol., V, 4990.

(2) Pigeonneau. De convectione urbanæ annonæ, passim.

ges autorisés. Marc-Aurèle leur reconnaît le droit de conférer à leurs esclaves, en les affranchissant, le droit de cité romaine. Il autorise les collèges à recevoir des legs. Pertinax s'occupe de l'immunité des *navicularii* (1). Après lui, Antonin le Pieux règle les conditions où l'immunité est accordée aux corps de métiers : « in quibus « artificii sui causa unusquisque adsumitur » (2).

Des constitutions impériales avaient déterminé les franchises qui leur étaient accordées (3). Nous sommes en pleine époque classique ; un sénatus-consulte a fixé les conditions générales d'existence légale des colléges ; les actes de l'empereur appliquent à chaque cas particulier les principes adoptés, et l'Etat intervient constamment dans la vie des colléges autorisés.

Cette politique ne fut en rien modifiée au siècle suivant. Lampride nous dit comment Alexandre Sévère se comporta à l'égard des corps de métiers : « Negotiatori- « bus ut Romam volentes concurrerent maximam immu- « nitatem dedit... Mechanica opera Romæ plurima ins- « tituit..... Corpora omnium constituit, vinariorum, lu- « pinariorum, caligariorum, et *omnino omnium artium ;* « hisque ex sese defensores dedit et jussit quid ad quos « judices pertineret » (4).

Les corporations si nombreuses et si variées dont les inscriptions nous révèlent l'existence confirment l'exac-

(1) 5, 13, D., L., 5.
(2) 5, 12, D., L., 5.
(3) 17, 2, D., XXVII, 1.
(4) Lamprid., Alex. Sev., c. 33.

itude du texte de Lampride. Nous n'en entreprendrons pas ici la trop longue énumération. Dans une société où le luxe est développé, il arrive toujours que les corps de métiers se fractionnent suivant les exigences du travail. C'est ainsi qu'au triomphe de Gallien, plus de cent corporations portaient leurs étendards auprès du char du du triomphateur.

Si nous nous plaçons à l'époque des Empereurs chrétiens, nous pourrons embrasser d'une manière plus complète l'organisation industrielle de Rome. Les bases de cette organisation ont été jetées par les premiers empereurs, mais les textes contenus au code Théodosien nous en montrent le plein développement. Toutes ces institutions dépendent de l'empereur. L'État, pour répondre à la mission qui lui incombe d'assurer la satisfaction des besoins sociaux, a été amené à exagérer ses droits à l'égard des citoyens et à faire bon marché de la liberté individuelle. L'État se substituant partout à l'individu, tel fut le dernier mot de la politique de l'antiquité. Sans doute, sous l'impulsion d'un pouvoir fortement constitué, l'immense machine de l'administration romaine put fonctionner longtemps ; mais un jour vint où la force centrale se trouva impuissante à imprimer le mouvement aux rouages disloqués ; alors la machine refusa le service et tomba en morceaux.

Partout, à la fin de l'empire, les métiers sont formés en corporations, qui portent différents noms, mais qui reposent sur le même principe. Dans les manufactures impériales, les *fabricenses* forgent les armes dont les soldats romains se serviront pour repousser les barbares; les *gynœciarii*, les *murileguli*, tissent les vêtements de pourpre et d'or qui doivent servir aux largesses impériales ou recouvrir les épaules des magistrats de l'Empire. Les *metallarii* exploitent les mines qui appartiennent à l'État. Les corps de bateliers apportent à Rome et à Constantinople l'*annona* qui doit servir à la nourriture du peuple. De nombreuses corporations de *scapharii*, de *caudicarii*, de *lenuncularii* déchargent les grands navires de leur cargaison pour la porter dans les greniers de Rome, où les *pistores* viennent prendre le froment pour en faire du pain.

Les *olearii* fournissent d'huile la capitale; les *pecuarii* les *suari* servent d'intermédaires à l'État pour lui fournir la viande. Tous les corps qui se rattachent à l'*annona* des grandes villes sont minutieusement organisés. — Aurélien, vainqueur de Firmus, pouvait écrire à la populace de Rome : « Nihil est, Romulei Quirites, quod « timere possitis (1). Canon Ægypti, qui suspensus per « latronem improbum fuerat, integer veniet. Sit vobis « cum senatu concordia, cum equestri ordine amicitia, « cum prætorianis affectio : ego efficiam ne sit aliqua « sollicitudo Romana. Vacate ludis, vacate circensibus ; « nos publicæ necessitates teneant; vos occupent volup- « tates. » C'est le résumé du système impérial : à César appartient tout le soin des affaires; le rôle des citoyens est de s'enrichir et de s'amuser.

(1) Vopisc., in Firm., V.

Les empereurs veillaient d'ailleurs à ce que ce second besoin des Romains, les spectacles, fût satisfait. Les femmes qui avaient embrassé la dégradante profession d'actrices, *scenicæ*, *thymelicæ*, ne pouvaient plus y échapper, elles ni leurs enfants ; il fallut toute l'influence du christianisme triomphant pour faire cesser ce honteux asservissement (1).

A côté des colléges chargés de l'*annona*, d'autres corporations s'occupaient des autres travaux nécessaires à la société romaine. Adrien avait multiplié les corporations d'ouvriers, qui ont construit les amphithéâtres ou les thermes, les ponts ou les aqueducs dont les vestiges nous étonnent encore. « Ad specimen legionum « militarium, dit de lui Aurelius Victor, fabros, perpen« diculatores, architectos, genusque cunctum exstruen« dorum mænium seu decorandorum in cohortes centu« riaverat » (2). Des colléges de *fabri tignarii*, de *fabri œrarii*, de *dendrophori*, de *centonarii* existaient à Rome et dans toutes les colonies, dans tous les municipes de l'Empire. Dans les provinces exposées au choc des barbares, ces colléges d'artisans ne se bornent pas seulement aux travaux qui doivent entretenir la cité en bon état et l'embellir ; sous la direction d'un magistrat, le *præfectus fabrum*, nommé par le gouverneur de la province, ils forment, comme nous aurons occasion de le dire plus bas, un corps de génie militaire chargé d'exécuter les travaux de défense.

(1) Orel. 2619, 263, Cf., C. Th. de scenicis.
(2) Aurel. Vict. De vita et morib. imp., c. XIV.

Auprès de ces corporations, qui répondent aux nécessités publiques, d'autres corps travaillent pour les besoins des particuliers. Les *fabrii aurarii* font les objets d'orfèvrerie que réclame le luxe de Rome ; les *fabri ferrarii* travaillent les métaux ; les *fabri navales* construisent les navires, sans doute sous la direction des *navicularii* quand ces navires doivent servir au transport de l'*annona*. Le corps des *corarii solatarii* de Rome dédie une inscription à Constantin(1). En Espagne, à Osma, cette même corporation, s'appelle simplement le *collegium sutorum* (2). Nous n'en finirions pas si nous voulions citer toutes les corporations dont les inscriptions nous révèlent l'existence.

L'Etat ne se contente pas de créer des corporations, il intervient constamment dans le fonctionnement de ces corporations. Les manufactures impériales sont placées sous la surveillance du maître des offices, ou du comte des largesses sacrées, ou de tout autre fonctionnaire de la cour. Les corps qui transportent l'*annona* sont soumis à un magistrat spécial, le *præfæctus annonæ*. Les autres collèges se rattachent par des liens plus ou moins étroits au préfet de Rome ou aux gouverneurs des provinces et aux magistrats municipaux.

« Tous les corps d'entrepreneurs attachés à l'administration, dit M. Naudet, étaient placés immédiatement sous les ordres et sous la juridiction des préfets de l'*annona* de Rome, d'Alexandrie et d'Afrique. Ces préfets

(1) Bulletino dell' Instituto de correspond. archeolog., juillet 1871.
(2 Corp. Berolin., II, 2818.

cumulaient les deux pouvoirs administratif et judiciaire ; en même temps qu'on exerçait la direction et qu'on tenait les comptes des approvisionnements dans leurs bureaux, leurs officiers poursuivaient les membres des corporations prises en faute, et c'était à leur tribunal qu'étaient jugés les délits. Ils pouvaient condamner à mort » (1).

« Au-dessus du préfet de l'*annona* prédomine le préfet de la ville, qui intervenait dans la surveillance des dépôts, dans l'apurement des comptes, dans les enquêtes et les condamnations, comme défenseur né de la ville de Rome et des intérêts du peuple. Le préfet de l'annone à Rome lui était soumis. »

L'Etat emploie tout son pouvoir à assurer le recrutement des corporations. Il y maintient, par la force, les membres qui veulent s'en échapper ; il les fait rechercher et saisir en quelque endroit de l'Empire qu'ils se cachent. D'ailleurs, il essaie de compenser cet état de servitude par de nombreux priviléges. Nous reviendrons sur tous ces points en étudiant la constitution intérieure des corporations.

L'Etat paie les corporations qui lui rendent directement service. « En dehors des services tarifés par l'Etat, dit M. Humbert (2), on admettait que les ouvriers des autres corporations pouvaient librement débattre leur salaire. » Les conditions du louage de service étaient alors réglées suivant les principes de la *locatio*

(1) Naudet. Les secours publics à Rome. Mém. de l'Acad. des Inscript.; t. XIII.

(2) Mémoire de l'Académie de législation de Toulouse, t. XVII.

operarum. Les prix et les salaires pouvaient être établis librement au Bas-Empire (1) ; en effet, en 483, l'empereur Zénon renouvela la prohibition d'établir un monopole pour la vente des habits, des objets de consommation et des autres denrées nécessaires à la vie ; il interdit les coalitions de marchands ou d'artisans, dans le but de créer sur tel ou tel objet une hausse artificielle. Mais, que les professions aient été ou non sujettes à un tarif, ce qui a pu varier avec les circonstances, elles ont toutes été soumises à l'influence de l'Etat, qui en a assuré l'existence et le recrutement.

Les textes du Bas-Empire désignent les membres des corporations tantôt sous le nom de *corporati*, tantôt sous celui de *collegiati*. Cette différence dans les expressions implique-t-elle une différence dans les choses? Nous ne le croyons pas. Sans doute la désignation de *corporati* est employée constamment pour désigner les corps chargés de subvenir à l'alimentation de Rome, d'Alexandrie ou de Constantinople. Mais la novelle de Majorien, de l'an 458, fait allusion aux *corporati* des autres cités ; d'un autre côté, les textes du Digeste se rapportent aux *collegia*, auxquels les sénatus-consultes permettent d'avoir un *corpus* ; il est donc fort probable que *collegiatus* et *corporatus* sont des expressions synonymes. Aussi nous rallions-nous à l'opinion de Godefroi, d'après lequel les *collegiati* sont les *corporati* des cités de pro-

(1) 1, C. J. IV, 59.

vince. Nous voyons, d'ailleurs, l'Etat intervenir pour maintenir dans leur corporation aussi bien les *collegiati* que les *corporati*. Sans doute l'organisation des *corporati* de Rome et de Constantinople était plus complète, parce qu'ils étaient surveillés de plus près par l'autorité centrale et qu'ils étaient chargés de subvenir à des besoins d'autant plus importants que les habitudes d'oisiveté de la population des capitales étaient plus invétérées. En effet, l'*annona*, les distributions au peuple, étaient la principale ressource de la populace. Mais, quoi qu'il en soit, nous pourrons, dans l'étude à laquelle nous nous livrerons, considérer les *corporati* du Code Théodosien comme le type de la corporation du Bas-Empire, comme le modèle à la confection duquel l'administration impériale a mis tous ses soins.

Enfin, si nous nous demandons quel était le rang des corporations dans la société romaine, nous leur assignerons une place inférieure à la curie. Comme les curiales, les membres des colléges sont tenus d'une dette envers l'Etat; mais quelque importants que soient leurs services, ils exigent, en général, une fortune moindre que les charges municipales. Aussi la curie jouit d'une considération plus grande que les colléges. D'après une novelle de Majorien (458), les enfants des curiales qui ont fui leur cité doivent être rendus à la curie ; cependant, s'ils sont nés du curiale fugitif et d'une esclave, ils sont seulement adjoints aux colléges, « ne materni sanguinis vili-

(1) Ad leg. 1, C. th., de colleg.

« tate splendor ordinis polluatur ». Ce fait caractérise bien la situation inférieure de ces *collegiati*, qui, selon le même texte, tenus d'habiter le territoire de la cité, subviennent tour à tour aux services publics sous l'autorité des curiales, *pro curialium dispositione.*

DEUXIÈME PARTIE

Un principe domine la matière qui va nous occuper. Les corporations romaines sont créées à l'image des cités. Elles sont constituées, dit Gaius, *ad exemplum Reipublicæ* (1). Cette analogie doit nous guider constamment, que nous étudiions le personnel des corporations ou leur situation juridique.

Nous examinerons successivement la composition de la corporation, les fonctionnaires qui la dirigent, les modes de recrutement, les privilèges des *corporati*, enfin la vie intérieure de la corporation.

(1) 1, 1, D., III, 4.

CHAPITRE PREMIER.

DÉSIGNATIONS, DIVISIONS, CHEFS ET PROTECTEURS DES COLLÈGES.

SECTION Ire. — Noms et divisions du collège.

1. — Les corporations se présentent à nous dans les textes sous différents noms. L'expression *sodalitas* était particulièrement employée dans les premiers temps de Rome et avait un sens large. Le mot *sodalitium* est aussi ancien et fut surtout appliqué, dans les derniers temps de la République, aux associations prohibées. C'est ainsi que l'on rendit la *lex Licinia de sodalitiis*. Toutefois nous trouvons, sous l'Empire, le mot *sodalitium* avec son sens originel (1). *Collegium* a été de tout temps l'expression le plus fréquemment employée (2). Ce mot n'est pas restreint aux associations que nous appellerions, à proprement parler, des corporations; il s'applique à tout groupe d'hommes qui remplissent dans la société les mêmes fonctions, et qui peuvent se traiter de *collegæ* (3) sans pour

(1) Orel., 4056, 4092.
(2) Liv. x, 22.
(3) Cic., de Off., III, 20.

cela former une personne morale. C'est dans ce sens général que l'on rencontre dans les auteurs les expressions: « collegium consulum, collegium prætorum, colle-« gium tribunorum. (1) » Mais, à côté de ce sens général, le *collegium* est souvent aussi l'association qui réunit ou des prêtres ou des gens de même industrie (2).

Nous trouvons aussi des *studia*, qui ont une existence indépendante ou qui, réunis, forment des colléges (3). Le *studium palladianum* de Benévent dédie une inscription à son patron.

Enfin le mot *corpus* se retrouve très-souvent dans les textes juridiques et dans les inscriptions. On trouve constamment des mentions d'association, « quibus per-« missum est corpus habere. » Une inscription cite les *corpora* de *scapharii*, de *lenuncularii*, de *dendrophori*, etc. (4).

Il importe encore de remarquer que les manufactures de l'Etat sont souvent désignées dans les textes du Bas-Empire, par le mot *fabricæ*, et les artisans qui y travaillent par le mot *fabricenses* (5).

Les membres qui faisaient partie d'un collége s'appelaient en général *collegiati*, *corporati*, *incorporati* Quant à l'ensemble des membres de la corporation, il

(1) Cic., Verr., II, 41.

(2) Cf. Pauly, Real-Encyclopædie. V° Collegium.

(3) Orelli, 4125.

(4) Gruter., 449, 3 Godef., comm. ad l. 1, c. Th., XI,7; 9, c. Th. XI, 7; 9, c. Th. XII, 6.

(5) C. Just., tit. *de fabricensibus*.

dans les tentes est désigné sous le titre de *populus collegii*(1), de *plebs collegii* (2), de *respublica collegii* (3). Les mêmes expressions sont employées pour indiquer le peuple des cités. On trouve l'*ordo collegii*, comme on trouve l'*ordo municipii*; mais, ici, se produit une différence entre la corporation et la cité. L'*ordo*, à proprement parler, c'est le groupe d'individus qui gouvernent l'*universitas;* dans les municipes, la *plebs* (au moins au IIIe siècle) n'en fait point partie. Au contraire, dans certaines corporations, sinon dans toutes, le *populus collegii* prend part aux délibérations et est aussi compris dans l'*ordo*. Une inscription nous parle d'un individu « cui populus ejus corpo- « ris... immunitatem sex centuriarum decrevit (4). » Une autre cite la « plebs ordinis corporatorum lenunculario- « rum et tabulariorum. » Ici, *ordo* est bien synonyme de *collegium*

2. — Les colléges étaient composés d'artisans exerçant la même profession dans la même ville ou dans le même quartier. Cependant les colléges de *fabri*, chargés d'éteindre les incendies, comprenaient deux représentants de toutes les corporations de la ville où ils étaient institués. Quant aux *collegia domus Augustæ*, où entraient des affranchis et même des esclaves à titre de *tabularii*,

(1) Orelli, 2417, 4104.
(2) Orelli, 4054, 4075.
(3) Orelli, 4068 et 2625.
(4) Orelli, 3097, 4115.

commentarienses, de *tabellarii*, ils formaient des corporations dont les membres étaient répandus dans les provinces (1). Mais, à part ces exceptions, les colléges étaient des institutions locales.

Si, en général, à en juger par les noms donnés aux corporations, la division du travail était poussée très-loin à Rome, il n'en est pas moins vrai que souvent, surtout dans les villes de province de moindre importance, les corps de métiers ayant, entre eux des rapports constants, étaient réunis dans le même collége. Cela est particulièrement vrai des ouvriers de bâtiments. Les inscriptions constatent que les *fabri ferrarii*, les *fabri tignarii*, les les *centonarii* (couvreurs), les *dendrophori*, étaient presque partout associés. D'ailleurs le pouvoir qui considérait les corporations comme des moyens de gouvernement, et comme des rouages indispensables à la marche de l'Etat, tendait à fortifier les associations en les unissant les unes aux autres. Une constitution du Code Théodosien nous montre quelles étaient, en cette matière, les habitudes du gouvernement impérial : « Ad omnes judices litteras dare tuam conve-
« nit gravitatem ut in quibuscumque oppidis dendro-
« phori fuerint, centonariorum atque fabrorum collegiis
« annectantur, quoniam hæc corpora frequentia homi-
« num multiplicari expedit (2). »

Quelquefois le nombre des membres de la corporation était limité. Nous en avons un exemple incontestable

(1) Corp. Berol., III, 6077 et notes.
(2) 1, C. Th., XIV, 8.

dans le collége des boulangers. Les membres de ce collége, dit Paul, sont excusés de la charge de la tutelle, s'ils exercent leur métier par eux-mêmes. « Sed non alios « puto excusandos, ajoute le jurisconsulte, quam qui « intra numerum sunt » (1).

S'il y avait des décuries indépendantes de tout collége, le plus souvent les décuries et les centuries n'étaient que les divisions de colléges. Les *fabri* d'Apulum étaient répartis en onze centuries ; ceux de Milan formaient, avec les *centonarii*, douze centuries subdivisées en décuries. A la tête de chaque décurie est placé un décurion (2). Quelquefois ces centuries ou ces décuries dédiaient des inscriptions à la mémoire de leurs bienfaiteurs ; elles pouvaient donc recevoir des libéralités.

Cette division s'applique surtout aux colléges de *fabri*, qui peut-être reçurent, dans certains endroits, une organisation militaire. En effet, Rome avait créé dans ses colonies des arsenaux qui devaient fournir aux légions le matériel nécessaire à la guerre ; il est permis de supposer que certaines corporations de *fabri* avaient parmi leurs attributions le service des arsenaux. Toutefois rien n'autorise à affirmer que tous les colléges de *fabri* aient dû remplir ces fonctions. Ainsi, le collége des *fabri* que Pline voulait établir à Nicomédie n'avait d'autre but que d'éteindre les incendies ; il en était de même dans les autres villes de la Bythinie.

(1) 46, D., XXVII, 1. Fragm. Vatic., 233, 234.
(2) C. Inscr. Berolin. V. p. 635.

Les dendrophores sont aussi divisés en décuries. Nous avons fait allusion plus haut à l'union des *fabri* et des *centonarii*; quant aux *dendrophori*, les fonctions en sont difficiles à déterminer. D'après M. Rabanis (1), ils étaient chargés de faire les coupes de bois et de transporter le bois aux chantiers.

Comme toutes les corporations romaines, ils avaient un caractère religieux; quelques colléges de dendrophores demeurèrent même à ce point attachés à leur antique culte, qu'ils s'attirèrent les rigueurs d'Honorius (2). Il n'y a donc pas de témérité à supposer qu'ils se confondaient avec les *collegia Sylvani*, puisque Sylvain était la divinité des forêts (3). Il est aussi permis de penser que la division de ces corporations en décuries se rapportait aussi au service militaire; leur concours était (4), en effet, indispensable pour la construction des fortifications et des machines de guerre.

On trouve encore des décuries de *scabiliarii* (5). La *scabilla* est un instrument de musique qui figure assez souvent dans les représentations de certaines divinités,

Ici, il serait plus difficile de rattacher la division du collége en décurie à l'organisation militaire. Si, en effet,

(1) Rabanis. Recherches sur les dendrophores, passim.

(2) L. 20, C. Th., de pagan.

(3) Le « Collegium magnum larum et imaginum », aussi le « Collegium Silvani. » Montfaucon, V. 82.

(4) Orelli, 1588, 1596, 2566.

(5) Orelli, 2643, 4117.

les expressions de *decuriæ* et de *centuriæ* s'appliquent d'abord à des divisions de l'armée, elles ont été rapidement étendues à toutes les divisions d'associations.

SECTION II. — LES CHEFS DU COLLÉGE.

1. — DECURIONS. — Le nom et la fonction des décurions sont surtout importantes dans l'orgadisation municipale. Là l'*ordo decuriorum* est au premier rang de la cité ; il forme l'*ordo amplissimus, honestissimus, pientissimus, sanctissimus*. Le collége étant constitué à l'imitation de la cité, il ne faut pas s'étonner d'y rencontrer des décurions. Le décurion y est le chef de la division du collége qu'on appelle décurie. Une inscription en attribue douze au collége des *fabri* de Lerici, près de Sarzane (1). A Apulum, le collége des *fabri* avait des décurions ; il en était de même à Cetium, dans la Norique (2). A Salone, en Dalmatie, nous constatons l'existence de décurions dans le collége des *fabri* et des *centonarii*.(3) (Nous retrouvons dans les inscriptions ce dernier collége considéré au point de vue religieux et désigné sous le nom de *colle-*

(1) Orelli, 4055.

(2) Corp. Berolin, III, 1082. — Ibid. III, 5659. — Ibid. V, 731 et 5869.

(3) Corp. Berolin., III, 2107, 1981, 2106, 2108.

gium fabrum Veneris ou de *collegium Veneris*, tant il est vrai qu'il fallait à chaque collége un culte spécial). Les *lecticarii* avaient aussi des décurions(1). Ces exemples suffisent à prouver que l'*ordo decurionum* avait été étendu de la cité à de nombreux colléges. Il serait bien difficile d'en préciser les attributions dans les corporations; sans doute ces attributions devaient se rapprocher, du moins autant que cela était possible, de celles des décurions des cités. Mais nous ne pouvons, sur cette matière former autre chose que des conjectures. Nous savons cependant que les décisions des décurions portaient le nom de décrets; à Cetium, nous trouvons une inscription ainsi restituée : « Pro salute domini nostri Impera-« toris Cæsaris Marci Aureli Antonini Augusti, collegium « Fabrum ædem impendio suo restituit ære publice con-« lato, decreto decurionum(2). » Ainsi les décurions avaient ordonné une *collatio* au moyen de laquelle l'édifice dont il s'agit avait été relevé. De même les décurions des villes prenaient des décrets à l'effet d'honorer la mémoire de leurs bienfaiteurs ou des empereurs.

Les décurions des colléges devaient sans doute être consultés comme ceux des villes (3) sur les actes qui concernaient la gestion du domaine de la corporation et l'emploi des capitaux. Ils étaient surtout chargés du contrôle des finances et avaient à se prononcer sur les comptes qui leur étaient soumis. Nous pensons que les

(1) Grut., 600, 1. — Orelli, 2625.
(2) Corp. Berolin., III, 5659.
(3) Cf., Houdoy. Le Droit municipal, p. 270.

décurions des colléges n'absorbèrent pas tous les pouvoirs, comme le firent ceux des villes; en effet, nous voyons intervenir souvent dans les inscriptions la *plebs*, le *populus*, l'*ordo corporatorum*.

Nous devons signaler ici l'analogie qui existe entre les décurions des colléges d'artisans et les *seviri* que la curie mettait chaque année à la tête du collége des *augustales*. Ces *seviri* formaient, comme un petit collége, un *ordo* spécial dans le collége des augustales. Il y avait des *seviri* dans des colléges autres que ceux des *augustales*, par exemple, dans le collége des *arenarii Romæ* (1).

On rencontre dans les inscriptions l'expression *principales collegii* (2). Dans la cité, le mot *principalis* ou *principales* a un sens général, très-vague. Dans certains textes, il est appliqué aux principaux citoyens, qu'ils fassent ou non partie de la curie (3); ailleurs, ils désignent les décurions par opposition aux *plebeii* (4), ou bien quelques-uns des décurions qui ont une situation plus importante. Les *principales* nous paraissent identiques aux décurions dans une inscription où il s'agit de l'exécution d'un décret (5). « Principales collegii, ære conlato, secundum decretum ipsorum facere curaverunt ».

(1) Or., 4063, Cf. Muratori, 511, 3.
(2) Corp. Berolin, III, 1082.
(3) 27, 1, D., XLVIII, 19.
(4) 4, C. J. V., 27.— 128, C. Th., de decur., XIII, 1.— Cf. Houdoy, Droit municipal, p. 264.
(5) Corp. Berolin., III, 1210.

2. — Dans les cités, à côté du collége décurional, il y avait des magistratures particulières, dont les fonctions étaient analogues à celles des magistrats de Rome. La constitution intérieure des cités était, en effet, modelée sur celle de Rome, qui, comme on l'a dit justement, n'était à l'origine qu'un grand municipe. Nous retrouverons les mêmes magistratures dans le sein des corporations qui couvrent le territoire de l'Empire. Ces magistrats étaient vraisemblablement élus par la corporation. De même que les désignations des fonctionnaires des municipes variaient suivant les localités et les circonstances, de même les noms des fonctionnaires des colléges n'avaient rien d'uniforme. Aussi est-il peu aisé en déterminer les diverses attributions. C'est ainsi, qu'au moyen-âge, les chefs des corps de métiers portent des noms différents, suivant les contrées et les circonstances.

Nous trouvons dans les colléges, comme dans les municipes, des *duumviri* (1). Ils sont renouvelés tous les cinq ans ou élus à perpétuité. A côté d'eux figuraient des édiles, qui sans doute avaient la garde des bâtiments de la corporation, des *templa* ou des *scholæ* où elle se réunissait (2).

Les inscriptions mentionnent les *quinquennales* des colléges d'artisans. C'est là encore une fonction qui

(1) Or., 4057-7194.
(2) Corpus Beroli, III, 5678. 2e partie, 2, 623.

existait dans les municipes; les *quinquennales* étaient des magistrats supérieurs. Le mot *censor* était synonyme de *quinquennalis* (1); il en faut conclure que le *quinquennalis* des corporations avait des attributions semblables à celles qui étaient dévolues au censeur à Rome. Dans les municipes, la magistrature du *quinquennalis* est annuelle; ce magistrat est chargé tous les cinq ans de procéder au cens (2). Les *quinquennales* des corporations où existaient des décurions étaient probablement chargés de dresser l'*album* des décurions. Enfin, les censeurs ou *quinquennales* veillaient sur les admissions dans le collége; plus tard, cette fonction fut transportée aux curateurs.— Nous voyons que, dans la corporation des *piscatores et urinatores totius alvei Tiberis*, le patron était, à un moment donné, *quinquennalis* de la corporation (3). L'an 206 de J.-C., T. Claudius Chresimus, *quinquennalis* du collége des dendrophores de Rome, fit *ob honorem quinquennalitatis* une distribution d'argent qui fut répartie au peuple de la corporation (4). Dans le *collegium funeraticium* dont l'inscription de Lanuvium nous donne les règlements et dont la constitution différait peu de celle des colléges d'artisans, le *quinquennalis*, pendant la durée de sa magistrature, était *immunis a sigillis*, c'est-à-dire franc et quitte d'un droit qui correspondait probablement

(1) Or., 3882.

(2) Houdoy, p. 329 et suiv. — On trouve souvent dans les inscription la mention de « quinquennalis perpetuus. »

(3) Or., 4115.

(4) Or., 4074.

aux prestations acquittées chaque mois par les *collegæ*. Nous savons d'ailleurs que ce droit, appelé *sigillum*, était en usage dans les colléges d'artisans; une inscription rapportée par Orelli cite le *censor sigillorum collegii ligniferorum*. Ajoutons que le *quinquennalis*, d'après l'inscription de Lanuvium, prenait une part double dans les distributions faites à la corporation (1).

Les corps de métiers romains avaient des *curatores* (2). La fonction de *curator Reipublicæ*, dans les cités, ne remonte pas au-delà du règne de Trajan. Elle devint, avec le temps, la plus élevée des magistratures municipales; la nomination du *curator* appartenait à l'empereur. Le *curator* administrait le patrimoine de la cité, plaçait les capitaux, poursuivait la délivrance des legs, surveillait l'exécution des travaux publics(3). A l'exception de la juridiction, ce magistrat réunit tous les pouvoirs dans le courant du IIIe siècle. Dans les colléges, les *curatores* avaient des attributions analogues (4); à en juger par un texte de Marcien, jurisconsulte de la première moitié du IIIe siècle, les curateurs exerçaient un certain contrôle sur les admissions (5); peut-être avaient-ils quelquefois remplacé dans ces fonctions les *quinquennales*. Le jurisconsulte, après avoir posé en principe que les esclaves

(1) Mommsen, de colleg. Or., 2395.

(2) Orelli, 7194. Grut, 354, I.

(3) L. 3, § 2 et L. 9, § 4, D. L., 8.

(4) Curator arkæ. Corp. Inscr. V, 5612. « Curator collegii fabrum, curator arkæ titianæ collegii fabrum. » Corp., Inscr. latin, V. 2, 635.

(5) 3, 2, D., de colleg., XLVII, 22.

ne peuvent être admis dans les *collegia tenuiorum* que du consentement de leurs maitres, ajoute que les Curateurs de ces collèges doivent s'informer si l'esclave se présente à eux avec ou sans ce consentement; cette obligation est sanctionnée par une amende de *centum aurei*, dont les curateurs sont menacés.

Les *questeurs* sont préposés à la garde de l'*arca communis* de la corporation (1). Ils prennent quelquefois le nom d'*arcarii*. Ils ont en charge la comptabilité de la corporation.

Il arrive souvent de rencontrer dans les textes des mentions de *magistri* (2). Cette désignation est très-fréquente dans les collèges de prêtres; elle paraît avoir marqué, au moins à l'origine, un caractère religieux. Ainsi les frères Arvales, les saliens, les aruspices, les augures, avaient des *magistri* (3). A ces dignitaires était dévolu le soin des sacrifices et des jeux de la corporation; ils gardaient les lieux sacrés où se célébrait le culte du collège (4). Les *magistri vicorum*, qui tinrent une place importante dans l'administration des campagnes, avaient aussi, en première ligne, des fonctions religieuses, comme si ces fonctions eussent été la conséquence directe du titre de *magistri* (5).

(1) I, 1, D., III, 4. Grut. 101, 1. — 372, 1. — 411, 2. — 632, 1. — Orelli, 3954, 4056, 4109, 4133, 2414.

(2) Or., 4056. Corp. Berolin, III, 4496, 1016, 3580, 4158, 4272, 1097, 4150.

(3) Dirksen, pp. 47 et 11.

(4) Grut., 173, 5.

(5) Lecesne. Les administrations municipales des campagnes dans

Les *magistri collegiorum* (1) étaient établis à perpétuité ou pour une année. Quelle que fût la durée de leurs pouvoirs, ils s'occupaient de l'administration intérieure de la corporation et de ses statuts (2). Eurent-ils à intervenir dans l'administration du patrimoine? nous ne saurions le déterminer. Un texte d'Ulpien (9, D., XLVI, 8) place le *magister universisatis* sur le même rang que l'*actor* ou le *syndicus* de la cité au point de vue des actions à intenter au nom de la corporation (4).

On nommait aussi *magistri* les chefs des corporations de fonctionnaires. Ce titre était employé très-souvent dans l'administration impériale; nous connaissons, en effet, le *magister officiorum*, le *magister census*, les *magistri militum*, les *magistri scriniorum*, etc. Les *scholæ Palatinæ* étaient placées sous la dépendance de *magistri*.

Certaines corporations d'ouvriers avaient à leur tête des *præfecti* (5). Cette dénomination est surtout en usage dans les *collegia fabrum*, et souvent aussi la qualité de préfet de ces colléges se confond avec celle de patron.

les derniers temps de l'Empire romain. Dans les Mémoires de l'Académie d'Arras, 2e série, t. VI, p. 456.

(1) Or., 2619. Grut., 35, 5.

(2) Dirksen, Ueber die Zustand der Juristischen Personen, p. 57, dans les Civilistische, Abhandlungen, t. II, p. 57.

(3) 9, D., XLVI, 8.

(4) Il existait des *magistri officiorum* dans certaines corporations de *fabri*, notamment à Rome (Corp. Inscr. Latin., V, 7372). Il a peut être sous ses ordres les *officiales*, agents secondaires de la corporation (Corp. Inscr. Latin, V, 4488 et 5272).

(5) Corp. Berol., III, 611, 3438, 4557, 2026, 1494 et 1495. Le *præfectus fabrum* existait dans beaucoup de villes d'Italie. (Corp. Inscr. Latin., V, voir la table.)

La loi *Genetiva* énumère les personnes à qui sont attribuées des places spéciales dans les jeux (1); parmi ces personnes figure le préfet des *fabri*, relevant du magistrat qui administre la province ultérieure des Espagnes. Ce fonctionnaire, qui était placé sur le même rang que les décurions de la cité, était probablement investi d'une charge militaire; à ce titre il dépendait du gouverneur de la province, à peine soumise, de Bétique (2). Le nom même de *præfectus* indique un fonctionnaire qui se rattache d'une manière spéciale au pouvoir central; ainsi le *præfectus*, que l'on rencontre quelquefois dans l'organisation municipale, était envoyé de Rome dans les villes qui, pour quelque raison, n'avaient jamais possédé le droit d'élire leurs magistrats municipaux ou en avaient été privées, ainsi qu'il arriva à Capoue après la seconde guerre Punique. Les gouverneurs de province paraissent avoir choisi les préfets des colléges de *fabri* parmi les personnages les plus importants du municipe. Ainsi, à Vienne (*Vindobona*), le préfet des *fabri* était en même temps décurion de la cité, questeur, édile et duumvir *jure dicundo* (3). La magistrature du préfet parait avoir été temporaire; cependant une inscription de Dyrrachium donne au préfet du collége des *fabri tignarii* la qualité de *præfectus perpetuus* (4).

(1) Houdoy, p. 290

(2) M. Giraud a comparé le *præfectus fabrum* à un commandant du génie; il a sous ses ordres une certaine circonscription territoriale. Bronze d'Osuna, Remarques nouvelles, p. 50.

(3) Corp. Berol., III, 4557.

(4) Ibid., 611.

Il faut citer encore les *rectores*, à qui appartenait le gouvernement des colléges des *fabri sabidiani* de Cordoue, et les *dispensatores collegii*, dont parlent certaines inscriptions (1).

Mentionnons aussi les *principes* des décuries de scribes, les *procuratores* de certaines corporations, les *primates*, les *primicerii* et les *secundicerii* (2). Ces derniers titres se rencontrent surtout dans les corporations qui dépendent immédiatement du gouvernement impérial. Une constitution de Valentinien, Théodose et Arcadius, fixe à deux années la durée de l'administration du *primicerius fabricœ* (3), c'est-à-dire du chef des ouvriers armuriers (*fabricenses*).

Les colléges d'ouvriers comptaient des fonctionnaires appelés *judices*. Lampride (4) raconte qu'Alexandre Sévère donna des juges aux corporations qu'il avait crées. Cette institution a laissé peu de traces dans les monuments épigraphiques, cependant elle existait encore au Bas-Empire, car il est question, au Code Théodosien, des juges particuliers, des *decuriales urbis Romœ*, dont nous étudierons ailleurs l'organisation. De plus, une constitution d'Anastase défend aux marchands et aux gens exerçant un métier, de décliner la juridiction des juges à qui appartient le soin de ce métier : « Ad quos earum professionum « seu negotiationum cura pertinet ». Aucune charge pu-

(1) Corp. Berolin., II, 211. V. 7572.

(2) Fabretti, De Col. Trajan. 2, 4, C. Just., XII, 17.-11, C. Just., XII, 41.

(3) 3, C. Th., X, 22, De Fabricen.

(4) Lamprid. in Alex. Sev., C. 33.

blique, aucun privilége, ne peut les soustraire à cette juridiction, qui était, restreinte aux causes relatives au métier ou à la profession (1). La juridiction de ces magistrats répondait, sans doute, à la juridiction que les jurés des corporations du moyen-âge exerçaient sur leurs confrères, pour apaiser entre eux les dissensions et réprimer les contraventions aux statuts. Il eût été intéressant de connaître mieux cette organisation ; malheureusement les documents font défaut.

La corporation avait quelquefois ses propres scribes, *scribœ* ou *tabularii* (2), qui tenaient le registre des actes du collége et en rédigeaient les décisions. Peut-être se confondent-ils avec les *officiales* qui, dans certaines corporations, sont placés sous la dépendance d'un *magister officiorum*.

Nous aurions pu faire figurer dans cette énumération l'*actor* et le *syndicus* qui sont chargés de soutenir en justice les droits des *universitates* ; mais il sera plus naturel d'en parler lorsque nous étudierons la gestion du patrimoine des colléges.

Lampride, dans un passage déjà cité, nous parle des *defensores* qu'Alexandre Sévère donna aux corporations constituées par lui. Diverses inscriptions mentionnent également les défenseurs de corporations, telles que les *lecticarii* de Sarmisgetuza, les marchands de la province de Pouille (3). Enfin, plusieurs textes des jurisconsultes

(1) 7, C. Just., III, 13.
(2) Inscr. de Lanuvium.
(3) Corp. Berolin., III, 438. Grut., 439, I.

classiques font allusion au *defensor* d'une université (1). Le jurisconsulte Arcadius Cherisius les confond avec les *syndici*, qui sont chargés d'agir en justice au nom de la corporation (2) pour une cause déterminée. Il fait de cette charge un *munus personale*, incombant à celui des membres de la corporation qui est désigné par ses *collegœ*. Le *defensor universitatis* existait dans les cités, comme dans les autres universitates; mais il prit dans le régime municipal une importance capitale.

« Défenseur de la cité, telle est le nom que porte une charge nouvelle qui apparaît dans une loi de 365 et qui vient se placer comme intermédiaire entre la curie et le fisc..... Etranger à la curie, le défenseur doit tour à tour la protéger et la contenir, plaider pour elle et contre elle, alléger son fardeau et l'empêcher d'en faire retomber une trop grande part sur autrui. C'est une sorte de tribun du peuple dont le veto est dirigé, non, comme autrefois, contre l'influence aristocratique, mais contre la tyrannie administrative. L'Empire, dans sa décrépitude, revenait, comme c'est souvent le sort des vieillards, aux habitudes de l'enfance (3) ».

Les colléges éprouvaient, eux aussi, le besoin d'une protection énergique contre l'oppression administrative et municipale dont les historiens nous ont laissé un lamentable tableau. Mais il ne paraît pas que les défenseurs des colléges soient sortis des attributions que la

(1) 34, 23, D., XII, 2, De Jurejur.
(2) 18, 15, D., L. 4.
(3) De Broglie. L'Église et l'Empire romain, t. V, p. 52.

procédure leur avait confiées. En tous cas, nous ne trouvons de trace certaine d'un accroissement d'affluence qu'en ce qui concerne les défenseurs des Églises (1). Ce sont les patrons qui ont rempli envers les colléges ce rôle de protection.

Tels étaient les fonctionnaires qui exerçaient l'autorité sur les colléges; mais, au-dessus de ces dignitaires, qui, pour la plupart, ne tenaient leur puissance que de leurs *collegœ,* le pouvoir central exerçait une surveillance et un contrôle actifs sur tous les actes importants.

3. — *Les patrons des colléges.* — Des témoignages nombreux constatent l'existence de patrons et de défenseurs des colléges d'artisans. Il convient d'examiner le caractère de ces fonctions; ici encore, le rapprochement que nous pourrons établir entre les institutions municipale et l'organisation des colléges nous sera d'un puissant secours.

Dès l'époque de la République, les colonies et les municipes avaient choisi parmi les hommes considérables de Rome des patrons qui pussent défendre efficacement leurs intérêts auprès du gouvernement central. Ces patrons exerçaient une sorte de tutelle sur les cités qui s'étaient placées dans leur clientèle; ils les assistaient de leur influence et de leur concours lorsqu'elles devaient agir en justice; ils apaisaient les dissensions intestines des habitants. Nous avons sur ce point le témoignage des auteurs classiques : Cicéron avait été choisi par les habitants de Capoue pour unique patron de leur cité,

(1) 41, C. Just., I, 3-6. C. Just., I, 4.

et il avait été gratifié à ce titre d'une statue (1). Le grand orateur fut flatté d'avoir été choisi pour seul patron ; en effet, les villes en comptaient souvent plusieurs. Ecoutons encore Cicéron : « Toutes les difficultés qui divisaient les habitants de Pompeï furent soumises à leurs patrons, et ceux-ci décidèrent des questions douteuses. » (2)

Les villes, et par suite les autres *universitates*, se choisissaient elles-mêmes les patrons qui devaient ainsi servir d'intermédiaires entre elles et l'Etat. Quelquefois cependant le sénat, accordant des droits municipaux à des cités, prenait soin de leur désigner des patrons (3). Toutefois cela devait être exceptionnel. La cité désignait son patron par le mode solennel de la *cooptatio*. Pline nous raconte comment il fut, dès sa jeunesse, choisi comme patron par l'*oppidum* de Tiferne, situé sur le Tibre, auprès d'une de ses propriétés (4). « Depuis lors, ajoutent-ils, les habitants de Tiferne fêtent toujours mon arrivée, s'affligent de mon départ, se livrent à des réjouissances publiques toutes les fois qu'on m'élève à quelque honneur nouveau. Pour leur marquer ma reconnaissance j'ai fait bâtir en ce lieu un temple à mes dépens. »

Telle était la nature des relations qui existaient entre les patrons des collèges et les corporations qu'ils avaient admises dans leur clientèle. Les hommes importants de

(1) In Pis., XI.

(2) Pro Sylla, XXI. Cf. Tacite, De causis corruptæ eloquentiæ III, Suet. in Octavium, 17.

(3) Liv., IX, 20.

(4) Plin, Epist., IV, 1.

la cité tenaient à honneur d'être les patrons d'un ou de plusieurs colléges et d'assurer leur influence par les bienfaits qu'ils prodiguaient à ces clients d'un nouveau genre. A Aquinium, Cl. Pompeius Faustus, décurion de la colonie et *duumvir ædilitiæ potestatis*, conduit en promenade à ses frais le *collegium fabrum* dont il était à la fois le préfet et le patron : *duxit collegium sumptibus suis in ambulativis* (1). Ailleurs nous voyons l'expression de la reconnaissance des *fabri* de Salone envers leur patron qui était aussi préfet de leur collége et *duumvir jure dicundo* de la cité : *ob merita ejus collegium fabrum ex œre conlato* (2). A Apulum, en Dacie, le patron des colléges de *fabri*, de *centonarii* et de *nautœ* cumule ces dignités avec celle de prêtre de l'*Ara Augusti* (3), d'augure et de duumvir de la colonie de Sarmisgetuza, d'augure de la colonie d'Apulum, de décurion de la *colonia Drobatarum*, enfin de fermier des pâturages, des salines et du commerce.

Le patron usait de son influence pour améliorer la situation du collége. Il défendait en face du pouvoir central les immunités accordées à la corporation. Ainsi nous voyons les *dendrophori* de Brescia adresser des remerciements à leur patron qui, par ses soins, a obtenu confirmation de leurs priviléges (4).

Nous avons aussi relevé dans les monuments épigra-

(1) Corp. Berolin., III, 4138.
(2) Ibid., 2026.
(3) Ibid., III, 1209.
(4) Corp. Inscr. Latin., V, 4341.

phiques les expressions de *pater*, *mater*, *filia collegii*(1). De même que la fille de l'empereur est quelquefois appelée dans le langage de la flatterie *filia castrorum*, de même la fille du patron pouvait être désignée sous le nom de *filia collegii*. Il n'y a rien d'invraisemblable à ce que les patrons aient été appelés *pater* ou *parens collegii*, car, dans les idées romaines, les relations qui existent entre le patron et le client sont analogues à celles qui existent entre le père et le fils. Ainsi la femme du patron devait porter le titre de *mater collegii*.

Il faut nous occuper maintenant d'un autre sens du mot patron, que l'on rencontre surtout au Bas-Empire.

I es inscriptions nous montrent que, sous les empereurs, les colléges des villes de province choisissaient pour patron non plus un habitant de Rome, mais un homme considérable de leur municipe ou de leur colonie. Le patron, que nous avons vu se confondre avec le préfet, se confondait dans d'autres corporations, notamment chez les *navicularii urbis Romæ*, avec le *curator quinquennalis* (2). Ainsi le patron n'est plus un protecteur étranger et puissant, il devient un des chefs de la corporation, responsable devant ses collègues et devant l'Etat. C'est avec ce caractère que nous allons rencontrer le patron dans les textes du Bas-Empire, textes qui, il faut le dire, se rapportent plus particulièrement aux corporations

(1) Or., 4055. Murat, 522-1. Cf. Sur ces désignations, Suet; I, Tiber., L.

(2) Bulletino dell' Instituto Archeologico Romano, 1871, pp. 148 et 199.— Pigeonneau, De convectione urbanæ annonæ, p. 71.

chargées, comme les *navicularii*, de l'approvisionnement de Rome.

Une constitution de Valentinien et de Valens, adressée au préfet de Rome, en l'an 364 de notre ère, s'occupe des patrons du collége des *pistores* de Rome (1). Les boulangers de Rome étaient répartis en *officinæ*, c'est-à-dire en ateliers; à la tête de chacun de ces ateliers était placé un patron. A ce patron étaient confiés, avec la direction de l'atelier, les animaux, les esclaves, les meules (les *pistores* étant chargés non-seulement de faire le pain, mais aussi de moudre le grain), les instruments de travail, et aussi les *fundi dotales*, comme si l'administration du patrimoine commun avait été répartie entre chaque atelier. Une organisation analogue existait dans les colléges de *suarii* et de *caudicarii*. Chez les boulangers, il y avait plusieurs patrons par officine; les *suarii* et les *caudicarii* en comptaient plusieurs pour la corporation entière (3).

Les patrons observaient entre eux une hiérarchie. Il y avait des *primi patroni*. L'un d'eux, le *prior patronus*, élu du consentement des membres du collége, exerçait en fait le pouvoir pendant un laps de cinq ans, à la suite duquel il était remplacé par un de ses collégues. Pendant le temps de son administration, le patron devait s'abstenir de toute ingérence dans les affaires d'une autre cor-

(1) L. 7, C. Th., XIV, 3. Cf., l. 2 et l. 12, et God. ad l. 7.
(2) Sent. Paul., III, 6, 64.
(3) 9, C. Th. XIV, 4. L. unic., C. Th. XIV, 23.

poration (1); il devait veiller à ce que chaque membre accomplît son service, empêcher toute fraude et garder les magasins du collége. En sortant de leur charge, les patrons qui s'étaient bien acquittés de leurs devoirs recevaient le titre de comte de troisième ordre; ceux qui y avaient manqué étaient réduits au rang le plus obscur de la corporation, *ad pistrina revocentur*.

Tel était l'état des choses parmi les *corporati urbis Romæ*. Faut-il croire que cette organisation s'était étendue aux colléges de province? Nous ne le pensons pas : les textes en cette matière paraissent spéciaux à ces corporations, qui pourraient bien avoir reçu une organisation particulière, puisqu'elles étaient placées plus directement sous la main de l'autorité. Sans doute le préfet de Rome, en retour de quelques priviléges qu'il accorda aux patrons, modifia peu à peu la situation de ces dignitaires, au point de faire retomber sur eux toute la responsabilité de l'administration du collége. Il n'en fut pas ainsi dans les corporations sur lesquelles la tutelle administrative s'exerçait moins rigoureusement. Elles n'eurent en leurs patrons que de simples protecteurs, comme les villes au temps de la République.

4. *Nomination des magistrats*. — Comment étaient nommés les magistrats des corporations? Nous pensons qu'en général ils étaient nommés par les membres du collége. Il en était ainsi à l'origine dans les cités; les honneurs étaient déférés par le peuple du municipe réuni

(1) 2 et 7, C. Th., XIV, 3. 9 et 10, C. Th., XIV, 4.

dans ses comices. Peu à peu cette organisation fut modifiée. A l'époque des jurisconsultes, le droit de créer des magistrats, *jus creandi*, appartenait à la curie municipale. Plus tard, le gouverneur de la province prit l'habitude d'assister à la séance de la curie et de désigner, *nominare*, le candidat qu'il désirait voir créer. Ainsi le pouvoir central s'ingéra dans la vie municipale. Dans les colléges d'artisans, les décurions ne prirent pas l'importance qu'ils acquirent dans les villes. Aussi croyons-nous que le droit de créer les magistrats a dû appartenir au collége plus longtemps qu'il n'a appartenu, dans les villes, aux comices de citoyens.

Les *corporati* d'Alexandrie, au Bas-Empire, paraissent nommer eux-mêmes leurs chefs *(archi-gerontes* et *diocœtes*, administrateurs) (1). Les boulangers de Rome désignaient les patrons qui étaient chefs d'atelier. Toutefois, il est vraisemblable de penser que ces nominations pouvaient toujours être cassées par l'autorité supérieure.

(1) C. Th., XIV, ult. tit.

CHAPITRE II.

DU RECRUTEMENT DES COLLÉGES.

SECTION Ire. — PÉRIODE CLASSIQUE.

Comment devenait-on membre d'un collége?

Au IIe et au IIIe siècles, les documents sont muets sur cette question importante. A défaut de renseignements certains, il faut nous contenter des analogies que nous pouvons puiser dans le régime municipal.

Un mode de recrutement, qui porte dans les textes le nom d'*allectio*, donne entrée dans le corps des *municipes* ou dans l'ordre des décurions (1). C'est une élection solennelle, en vertu de laquelle le postulant est admis dans la corporation. C'est ainsi que les villes de Bythinie pouvaient, au témoignage de Pline le Jeune, s'adjoindre qui il leur plaisait. L'*allectio* s'opérait en vertu d'un décret des décurions. C'est par ce moyen que les décurions comblaient les vides qui se produisaient dans la curie municipale.

Les textes du Digeste (2) permettent de croire que les colléges employèrent, eux aussi, ce mode de recrutement. Un *faber*, par exemple, voulait-il être admis dans le

(1) Houdoy, pp. 159 et 237. Orelli, 3711.

(2) 5, 12 et 13, D., L. 5. «Nec ab omni ætate *alligi* possunt... Eos qui in corporibus *allecti* sunt. »

collége des *fabri?* il obtenait, soit du collége, soit des chefs de ce collége, un décret solennel par lequel il devenait *allectus collegio*, c'est-à-dire membre du collége.

Toutefois, l'autorité supérieure pouvait introduire d'office un individu dans certaines corporations, soumises plus directemeut aux magistrats. Livie, mère de Tibère, sollicitait son fils d'inscrire un protégé, citoyen romain, dans les décuries de fonctionnaires : « Instanti « sæpius ut civitate donatum *in decurias allegeret*, « negavit, alia se conditione allecturum, quam si pa- « teretur ascribi albo : extorsum id sibi a matre » (1). De ce texte, il faut conclure que l'empereur, qui, d'ailleurs, cumulait les magistratures romaines, avait tout pouvoir sur les admissions dans les décuries de scribes, et que la conséquence de l'admission était l'inscription du nouvel admis sur le tableau de la corporation.

Le *curator* paraît avoir exercé quelque contrôle sur les admissions (2).

Les esclaves, ainsi que l'écrit Marcien (3), peuvent être admis dans les *collegia tenuiorum*, mais avec le consentement de leurs maîtres, ils acquittaient les droits périodiques au moyen de leur pécule. Ce n'est pas le seul exemple de droits que les esclaves pouvaient exercer par le bon plaisir de leurs maîtres; Pline dit qu'il se faisait un devoir d'exécuter les testaments de ses esclaves. Cependant ces

(1) Suet, in Tiber., II.

(2) 3, 2, D. XLVIII, 22.

(3) Ibid.

testaments n'avaient aucune valeur juridique. Mais, au temps de Pline, les idées de charité et de fraternité avaient pénétré, avec le christianisme, jusque dans les entrailles de la société romaine. Les esclaves entrèrent en grand nombre dans les *collegia tenuiorum*, dont l'Eglise emprunta la forme aux premières années de son existence.

Les esclaves étaient-ils admis dans les colléges d'artisans? Nous le croyons; au moyen de leur pécule, ils exerçaient des professions telles que celles de foulons, de tisserands (*fullones*, *textores*), qui devaient leur donner accès dans les corporations (1). Toutefois, là encore, ils devaient être soumis au bon plaisir de leurs maîtres.

SECTION II. — BAS-EMPIRE.

1. Comment on entre dans les colléges.—2. Comment l'Etat maintient les *collegiati* dans leurs colléges. — 3. Moyens légaux de sortir des colléges.

1.—COMMENT ON ENTRE DANS LES COLLÉGES. — I.— L'admission volontaire dans les colléges fut conservée en principe. Rien ne prouve qu'elle ait jamais disparu. *Si quis consortium fabricensium crediderit eligendum* (2), dit une constitution de 419. Nombreuses sont les dispositions législatives qui ont pour but d'empêcher les curiales ou les membres d'un collége de chercher à échap-

(1) 1, 1, D. XIV, 4.
(2) 4, C. Just., XI, 9.

per aux charges de leurs corporations en se faisant admettre dans une autre. C'est donc qu'on pouvait toujours se présenter et être admis dans la corporation par ceux que cette admission intéresse, c'est-à-dire par les *collegæ* ou leurs chefs : *his, quorum interest, convocatis.*

II. — *Origo.* — Mais un principe se dégage de plus en plus de la multitude des lois du Code théodosien. L'*origo* est, par excellence, le lien qui attache le *collegiatus* à sa corporation. A ce moment, où l'organisation impériale s'en allait en morceaux, le pouvoir impérial cherchait par tous les moyens à maintenir chacun à son poste dans la société. Les mesures violentes par lesquelles il réalisa cette pensée ne produisirent qu'un état social précaire; mais, quoi qu'il en soit, l'Empire, soutenu par une administration active, par une vigilance constante du pouvoir central, se maintint encore pendant de longues années en présence des invasions. Pour assurer la permanence des institutions, il fallut rendre les charges héréditaires. De même que les charges municipales, sinon en principe, du moins en fait, se transmettaient de père en fils, de même les charges des collèges vinrent peser sur les enfants après la mort des parents, et le génie législatif de Rome fut employé à empêcher les enfants d'échapper à la carrière que leur avait assigné leur naissance. De là cette grande importance de l'*origo* au point de vue du recrutement des corporations.

L'enfant du *collegiatus* est donc *obnoxius collegio*, c'est-à-dire qu'il est soumis aux charges de la corporation à laquelle il devra un jour appartenir (1). Cette règle s'applique à tous les collèges industriels ; elle frappe même les professions les plus viles. Ainsi, en principe, les filles des actrices étaient vouées par leur naissance à la même condition que leur mère (2), et les empereurs les y maintiennent, malgré l'hostilité qu'ils montrent à juste titre pour les plaisirs du théâtre.

La qualité de *navicularius* se transmettait avec le sang, nous disent les textes : *Si nec genere naviculariorum corpori cohærent*, lit-on dans une constitution de 392 (3). En 393, l'empereur rappelle aux *corporati* qui voudraient échapper à leurs fonctions les devoirs que leur impose leur origine : *debitas huic necessitati origines* (4). Dans certaines corporations, lorsqu'un membre mourait laissant après lui un enfant mineur, cet enfant, jusqu'à l'âge de vingt ans, jouissait d'une excuse légale qui le dispensait d'exercer le métier paternel. Pendant sa minorité, la corporation devait lui trouver un remplaçant. Ce qui est digne de remarque, c'est que le remplaçant était retenu dans la corporation, même après que le mineur devenu majeur y avait pris la place de son père. Cette décision ne peut s'expliquer que par le besoin où on se trouvait, à cette époque, de multiplier les admissions.

(1) 1, C. Th., XII, 5. — 5 et 8, C. Th., XIV, 4. — 15, C. Th. X, 19.

(2) 2, 4 et 9, C. Th., XV, 7.

(3) 20, C. Th., XIII, 4.

(4) 5, C. Th., XIV, 3.

La qualité de *collegiatus* se communiquait aussi par le mariage. Ainsi, dans le collége des *conchyleguli*, ouvriers chargés de confectionner les vêtements destinés à la cour et aux largesses de l'Empereur, l'étranger qui épousait une femme originaire du collége *(de familiis conchylegulorum)* se trouvait assujetti à ce collége. (1) Il en était de même dans la corporation des *pistores;* une constitution de Constance soumet aux charges du collége l'individu qui épouse la fille d'un *pistor* (2). Quand même il aurait dilapidé les biens affectés au service de la corporation, il n'en serait pas moins attaché au collége, car le mariage lui a communiqué *l'origo*, caractère indélébile et indépendant du lien réel dont nous allons bientôt parler (3). Une constitution de 403 maintient très-énergiquement le principe qui associe aux *pistores* les individus mariés à des filles de boulanger. Pour éviter à coup sûr que les *pistores* ou leurs enfants ne contractassent, par des mariages, des obligations envers une autre corporation, il leur était interdit, sous les peines les plus sévères, de se marier avec des personnes étrangères à la corporation (4); l'empereur leur défendit particulièrement d'épouser des actrices *(thymelicas)* ou des femmes qui figuraient dans les jeux du cirque *(eæ quæ aurigandi studio detinentur)*. Le *pistor* qui contrevenait à cette loi d'Arcadius et d'Honorius était puni de la bas-

(1) 5, C. Th., X, 10.
(2) 2, C. Th., XIV, 3.
(3) 14, ibid.
(4) 21, C. Th., XIV, 3.

tonnade, de la déportation et de la confiscation de ses biens au profit de la corporation *(sciat facultates suas paneficio sociandas)*. Une constitution avait prévu le cas où une femme libre de toute obligation personnelle venait à épouser un *monetarius*, c'est-à-dire un ouvrier employé dans les ateliers monétaires de l'Empire (1). Les empereurs avaient copié leur disposition sur celle du sénatus-consulte Claudien, touchant le *contubernium* d'une femme libre avec un esclave. Après une dénonciation adressée à la femme, si celle-ci n'abandonne pas le monetarius, « si complexui monetarii putaverit « inhærendum », elle est soumise à toutes les charges de la corporation, ainsi que les enfants issus de cette union. D'ailleurs, comme les empereurs ne veulent pas étendre outre mesure le corps des *monetarii*; ils défendent aux filles des *monetarii* de se marier en dehors de la corporation : « Sicut et monetario nullam necti volumus, ita et « monetario patre susceptas prohibemus extraneis copu- « lari. »

Ainsi donc l'*origo*, qui lie l'individu à la corporation, se transmet par le mariage, que le membre de la corporation soit la femme ou le mari. Quant aux enfants, nous avons mentionné déjà les règles en vigueur à leur égard. Les enfants des *collegiati* étaient obligés aux charges du collége en vertu du lien personel qui naissait de leur *origo*. Mais des enfants peuvent naître d'unions durables ou éphémères entre personnes qui n'appartiennent pas à la même condition, qui ne font point partie du même col-

(1) 10, C. Th., X, 20. Cf. 3 et 5, C. Th., X, 20.

lége. Cela sera, à vrai dire, contraire à l'esprit de la législation impériale, mais le cas devait être prévu. On a vu quelle solution les empereurs avaient adoptée concernant les enfants nés d'une femme libre de tout lien professionnel et d'un *monetarius*. Ils sont versés dans le corps des *monetarii*, et cette solution est logique; la femme a, en effet, reçu la communication de l'*origo* du mari par suite de l'union existant entre eux. Nous trouvons, d'ailleurs, une disposition générale dans le titre du Code Théodosien *de collegiatis*. Les *collegiati* paraissent correspondre, pour les villes de province, aux *corporati* de Rome et y rendre les mêmes services (1). Arcadius et Honorius s'occupent des *collegiati* de la Campanie. « De quorum agnatione, « disent-ils, hæc forma servabitur, ut ubi non est æquale « conjugium, matrem sequatur agnatio, ubi vero justum « erit, patri cedat ingenua successio » (2). Voici comment l'illustre interprète du Code Théodosien, Godefroi, explique ce passage: L'enfant est-il né d'une union inégale, c'est-à-dire d'un *collegiatus* et d'une *ancilla?* il suit la condition de sa mère. Est-il né d'une union *æqualis*, c'est-à-dire d'un *collegiatus* et d'une femme libre, il suit l'*origo* et la condition de son père. Cette dernière règle était, pensons-nous, appliquée aux enfants nés de père et mère appartenant à des colléges différents. Que, si un homme n'appartenant à aucun collége épousait une femme tenant à un collége par son origine, il entrait, ainsi que ses enfants, dans le collége de sa femme; c'est ce qui avait

(1) Cf. Nov. Majoriani, tit. VII.
(2) 1, C. Th., XIV, 7.

lieu pour les *pistores*, les *monetarii*, comme nous l'avons vu plus haut.

3. — Nous constatons, dans les documents qui ont trait aux corporations de la capitale, un troisième mode de recrutement des colléges, qui, sans doute, n'était pas restreint aux associations de Rome et de Constantinople. Je veux parler de l'obligation où se trouvaient les possesseurs de certains biens de se prêter au service de telle ou telle corporation, en vertu de l'affectation qu'avaient reçue ces biens.

La charge du *navicularius* pèse sur le patrimoine (1). Pour entrer dans la corporation, il faut avoir un patrimoine suffisant, être *idoneus facultatibus* (2). L'individu qui a atteint ce degré de fortune est dit par les textes : *obnoxius conditioni naviculariæ*. Il suffit alors d'une *nominatio* émanant du magistrat pour l'associer à la corporation. Dès lors son patrimoine, en tout ou en partie, est frappé d'obligations envers l'État. Ce n'est plus seulement l'homme, être éphémère, c'est la terre qui doit le service ; en quelque main qu'elle passe, l'État pourra toujours demander au possesseur de remplir le service de la corporation à laquelle sont affectés ses *prædia*, ou d'en abandonner la propriété (3). A quelque titre que le *navicularius* transfère ses biens, les acquéreurs peuvent être contraints de délaisser ou de *subire naviculariam functionem*. Les empereurs s'attachent à écarter tous les

(1) 5, D., L., 4.
(2) 8, C. Th., XIII, 5.
(3) C. Th., de præd. navicular.

obstacles de droit qui pourraient arrêter les prétentions de la corporation. Quand même les *prædia naviculariorum* lui auraient été vendus par l'État, la cité, un étranger à la corporation, l'acheteur n'était pas à l'abri des revendications du collége. Il ne trouvait aucune protection dans sa dignité personnelle, si élevée qu'elle fût. La *prescriptio longi temporis* ne pouvait lui servir de défense (1) ; Honorius admet tout au plus la *prescriptio* de cinquante ans en Afrique. Enfin, les priviléges spéciaux accordés par le prince ne sauraient prévaloir contre les droits des colléges (2). L'empereur lui-même s'oblige à se soumettre aux charges réelles des *navicularii*, s'il vient à acquérir des biens affectés à cette obligation.

Les *pistores* et les *suarii* ont reçu une organisation analogue. En ce qui concerne les *pistores*, cette organisation paraît avoir été définitivement établie sous le règne de Valentinien. Une constitution de 369 distingue, dans le patrimoine des *pistores*, les biens qu'ils possèdent comme simples particuliers, de ceux qui sont affectés à un service public (3). Ces derniers biens étaient seuls grevés, envers l'État, de la charge qui les suivait entre les mains des tiers. On considérait comme soumis aux obligations de la corporation les biens transmis à titre de succession par des *pistores* à d'autres *pistores*, ou même à des étrangers : « Quia pistrino proficere convenit quod « apud pistorem eo vivente permansit. »

(1) 9 et 10, C. Th., XIII, 6.
(2) 3, C. Th., ibid.
(3) 13, C. Th., XVI, 3.

Ainsi, c'est l'immeuble qui doit accessoirement l'accomplissement du service public. Rappelons-nous qu'à l'époque dont nous nous occupons, l'impôt et le service militaire sont dûs par la terre; le colon est attaché à la terre, partout le lien réel se substitue au lien personnel.

IV. — Lorsque les causes énumérées plus haut ne suffisaient pas à remplir les colléges, les ordres de l'empereur ou des magistrats comblaient les vides. Sous l'empire de cette préoccupation, Gratien permet aux *navicularii* d'Afrique de s'adjoindre les individus qu'ils trouveront *vacui publico officio*, c'est-à-dire affranchis de service envers l'État (1). Cette dernière constitution nous montre que les colléges s'occupaient eux-mêmes du soin de leur recrutement, sous la surveillance des magistrats qui, probablement, devaient approuver les choix faits par les *collegæ* (2).

Dans d'autres cas, les magistrats désignaient directement (*nominabunt*) les individus qui devaient remplir les cadres des colléges (3). Une constitution de 371 détermine des catégories parmi lesquelles ils peuvent recruter les *navicularii*.

Les enfants mâles nés d'un curiale fugitif et d'une esclave sont attribués non pas à la curie, mais aux colléges, « ne materni sanguinis vilitate splendor ordinis « polluatur (4) ».

(1) 3, C. Th., XIII, 9.
(2) Cf. Symmach., Epist., 58.
(3) C. Th., de navicul. passim, et notamment lois 14 et 27.
(4) Nov. Major., tit. 7, 2 et 3.

Enfin, on était mis au nombre des *pistores* par l'effet de condamnations encourues pour des fautes de peu de gravité (1). C'est là une disposition établie par Constantin et Valentinien.

En général, on ne pouvait être assujetti aux charges de deux colléges. De là toutes les précautions législatives qui ont pour but d'empêcher un *corporatus* d'abandonner sa corporation pour s'adjoindre à une autre association dont les charges seraient moins lourdes. De là la nécessité d'une enquête pour l'admission d'un nouveau membre, afin de préserver les droits de la corporation à laquelle il pourrait déjà appartenir (2). Nous voyons notamment les empereurs attacher une grande importance à ce que les patrons des *pistores* puissent se consacrer tout entiers à leurs occupations, sans être distraits par le service d'aucune autre corporation (3). Cependant cette règle n'a pas toujours été en vigueur ; en 315, Constantin établit qu'au cas où un *navicularius* tiendrait à accepter l'hérédité d'un *pistor*, il lui faut demeurer soumis aux charges de la corporation des *navicularii* et supporter, sur les biens de la succession et en proportion de l'importance de ces biens, les charges de la corporation des *pistores* (4). Mais l'esprit de la législation est de n'attacher les individus qu'à un seul collége, et de les

(1) C. Th., IX, 40.

(2) 6, C. Th., X, 22. Cf. 177, C. Th., XII, 1. 37 et 81, C. Th., XII, 1.

(3) 2, C. Th., XII, 3.

(4) 2, C. Th., XIII, 5.

empêcher de passer d'une corporation dans une autre. D'ailleurs, même dans l'espèce prévue par Constantin, l'individu n'était tenu de fournir ses services personnels qu'à un seul collége.

2. — *Comment l'Etat maintient les* collegiati *dans leurs colléges.* — Il ne suffisait pas de remplir les cadres des colléges ; il fallait veiller à ce que les *collegiati* n'usassent pas de tous les moyens, de tous les subterfuges, pour échapper aux charges qui pesaient sur eux. Il fallait enfermer le *collegiatus* dans son collége, comme on enfermait le curiale dans la curie, le colon sur sa terre. C'était une conséquence d'un système politique au nom duquel l'Etat substituait sa volonté propre à la volonté des citoyens, son initiative à l'intitiative individuelle. Nous allons parcourir rapidement les dispositions de la législation impériale sur ce point.

Au premier rang des moyens destinés à retenir les artisans dans les colléges, nous devons placer les priviléges dont ces colléges furent comblés. Nous reviendrons plus bas sur ces priviléges. Nous ne nous occupons maintenant que des lois qui ont pour but de ramener par la contrainte à leurs colléges les *collegiati* fugitifs.

Les membres des corporations avaient essayé de se cacher, de fuir loin des villes, pour échapper à la main de l'administration. Valentinien, par plusieurs constitutions, frappe de lourdes amendes quiconque recélera les *textrini*, les *gynæcæi*, les *linteones*, qui fabriquent les étoffes nécessaires à la cour (1). Les armuriers fugitifs sont marqués ignominieusement, comme le sont aussi les déserteurs (2). Partout, en effet, il faut employer la violence pour maintenir l'individu dans sa condition. Aussi les fils de Théodore s'alarment-ils de cette situation anormale.

« Les cités, écrivent-ils, privées de leurs corps de métiers, ont perdu leur antique splendeur, car beaucoup de membres des corporations abandonnant les villes et embrassant la vie des champs, se sont réfugiés dans des endroits solitaires et inaccessibles. Mais nous voulons, par notre autorité, anéantir de tels projets; en quelque lieu que soient découverts les fugitifs, nous ordonnons qu'ils soient ramenés aussitôt à leurs postes (*ad officia sua*) sans qu'on s'arrête devant aucun prétexte, *sine ullius nisu exceptionis* (3). » On s'est souvent apitoyé sur la condition des populations rurales de l'Empire; nous voyons cependant que les habitants des villes ambitionnaient quelquefois cette condition.

Les *Collegiati* ne pouvaient même pas opposer la prescription de quarante ans ; quant à leurs enfants nés dans ces quarante ans, ils étaient partagés entre le collége et le maître sur la terre duquel le fugitif s'était réfugié en qualité de colon. Ajoutons qu'il n'en était pas de même dans la situation inverse (4); si un colon s'introduisait dans un collége, il était à l'abri des revendica-

(1) 2, 6, 9, C. Th., X, 20.
(2) L. ult., C. Th., X, 22.
(3) 1, C. Th., XII, 19.
(4) 2, C. Th., XII, 19.

tions de son maître après trente ou quarante ans, suivant que l'on se trouvait dans la même province et ou dans une province différente. C'est toujours la même raison qui dicte ces solutions discordantes en apparence : *necessarium fovendum est.* Les colléges sont nécessaire à la vie sociale ; il faut à tout prix les remplir. Les *principales ordinum* et les défenseurs des cités étaient responsables des fugitifs qu'ils laissaient s'échapper des colléges.

Ici encore, nous pouvons étudier comme type particulier les *pistores,* sur lesquels nous avons des renseignements plus étendus.

On ne peut sortir du collége des *pistores* même avec le consentement de la corporation (1). Ce collége ne peut accorder la libération ni par voie directe ni par voie indirecte ; car il ne peut autoriser le *pistor* à épouser une femme étrangère au collége, *privata persona*, ou *thymelica* (2).

Mais, si la corporation ne peut libérer un de ses membres, est-il permis de s'adresser à l'empereur et d'obtenir de sa toute-puissance un rescrit qui rende au suppliant sa liberté ? Non, Valentinien le défend sévèrement : « Nulli liceat pistorum, supplicatione delata, » « subterfugiendi muneris impetrasse licentiam (3). » Cependant cette prohibition générale ne s'appliquait pas aux individus qui avaient été condamnés au *pistrinum*,

(1) 8, C. Th., XIV, 3.
(2) 21, C. Th., ibid.
(3) 7, C. Th., de pœnis.

En 398, Arcadius et Honorius leur étendirent la loi de Valentinien, et leur refusèrent tout recours à la puissance impériale (1).

Lorsque l'Empire fut devenu chrétien, tous les clercs depuis l'ordre épiscopal jusqu'aux ordres mineurs, purent prétendre à l'immunité des charges de l'Etat. On comprend quelle tentation cela devait offrir aux *curiales* et aux *collegiati*. Ils cherchèrent à profiter de l'immunité de l'Église; dès lors, les empereurs tendirent par tous leurs efforts à restreindre cette immunité.

Il serait trop long d'énumérér ici ce qui concerne les décurions, nous nous bornons aux dispositions qui touchent les corps de métiers. Valentinien défendit aux *pistores* d'entrer dans le clergé, *ob declinanda pistrina* (2). Sa défense est, comme le dit Godefroi, générale et absolue. D'abord, du côté des personnes, car elle ne permet aucune exception : ensuite sous le rapport du temps, car en tout temps, le *pistor* fugitif peut et doit être rappelé à sa corporation.

A l'égard des décurions, on avait admis quelque distinction; ainsi le curiale pouvait entrer dans les ordres majeurs (prêtre et diacre) en abandonnant ses biens à la curie et en fournissant un remplaçant (3). Les sous-diacres, et autres clercs restaient soumis à la loi commune, et leur qualité de membres du clergé ne les exemptait

(1) 18 et 20, C. Th., XIV, 3.
(2) 11, C. Th., 4, tit.
(3) 163, C. Th., XII, 1.

en rien de leur service envers la curie. Ces distinctions ne se retrouvent pas quant aux *pistores*.

La règle est formulée différemment pour les *suarii* (1). La cléricature ne les exempte pas du service de la corporation ; cependant ils peuvent acquérir leur libération en abandonnant leur patrimoine à leur ancien collége. Cette décision, qui date du règne d'Honorius, diffère donc de celle qui, en 365, fut promulguée au sujet des *pistores*, en ce qu'elle présente une alternative que ne contenait plus la règle absolue de Valentinien. Honorius déclare que la disposition établie par lui doit être étendue à tous les *corpora Urbis Romæ*.

En 445, Théodose II et Valentinien III établirent que tous les *corporati* entrés dans les ordres mineurs seraient ramenés à leur corporation (2). Il n'est pas question de la manière dont on traite les anciens *corporati* qui sont devenus diacres ou prêtres.

Enfin, une novelle de 452 règle encore cette matière ; nous en traduisons les passages principaux (3) : « Que nul *corporatus* de Rome ou des autres villes, que nul *collegiatus*, que nul *curiale* n'entre dans le clergé ni dans les monastères, que nul membre des corporations des villes ne soit élevé à la dignité de défenseur de la cité, sous peine de la confiscation de ses biens, qui seront appliqués au profit de la curie, s'il s'agit d'un *curiale*, de la corporation, s'il s'agit d'un *corporatus*. Voilà pour l'avenir,

(1) 8, C. Th., XIV, 4.
(2) Nov. Valent., III, tit. XV.
(3) Nov. Valent., III, tit. XXXIV, §§ 5 et 7.

l'empereur s'occupe ensuite du passé. « Ceux qui, dans les dix ans qui précèdent la date de la présente loi ont été ordonnés diacres devront fournir des remplaçants à leur corporation, sinon ils seront réduits à leur ancienne condition. Quant aux ministres sacrés d'un rang inférieur, ils devront être ramenés à leur première condition. Il n'en sera pas ainsi des évêques et des prêtres, on ne leur appliquera que les lois anciennes concernant le patrimoine, c'est-à-dire que les prêtres et les évêques pourront se libérer complètement en abandonnant leurs biens. »

Si les dignités ecclésiastiques n'affranchissaient pas du service des corporations, il en était de même des dignités de l'ordre civil. La qualité de sénateur n'était pas compatible avec la condition du *corporatus*. En 364, Valentinien ordonne aux *pistores* devenus sénateurs d'opter entre l'une ou l'autre de ces qualités (1). S'ils veulent demeurer sénateurs, ils doivent se faire remplacer dans la corporation. La qualité de *perfectissime* n'était pas davantage compatible avec celle de membre d'une corporation (2). Ceux-là seulement peuvent en jouir librement qui en ont obtenu la concession de la chancellerie impériale. « Si abhorreant a conditione servili, vel « fisco aut curiæ obnoxii non sint, vel si pistores non « fuerint ». Nous avons vu plus haut que le *defensor civitatis* ne pouvait être un *corporatus*. Enfin, s'il n'était pas permis de se réfugier dans les corporations pour fuir la curie, il n'était pas non plus permis de se refugier des

(1) 4, C. Th., XIV, 3.
(2) L. un., C. Th., VI, 37.

corporations dans la curie. Il en était ainsi de tous les honneurs et de toutes les dignités de l'Empire (1).

3. — *Moyens légaux de sortir des collèges.* — Quels étaient donc les moyens légaux de sortir des corporations? Ils étaient fort peu nombreux.

D'abord, dans certains cas, les services à rendre étaient limités dans le temps. Ainsi, après cinq ans de service, le premier des patrons boulangers gagnait la liberté: *otio et quiete donatur* (2). Mais nous n'oserions affirmer d'une manière générale que les *collegæ* fussent affranchis au bout d'un certain temps du service des colléges.

On est quelquefois admis à se libérer en présentant un remplaçant et en abandonnant son patrimoine, et même, dans certains cas, il suffisait d'abandonner son patrimoine, sans se faire remplacer (3). Cette facilité appartenait surtout aux individus qui, sans être liés à leur corporation par l'origine ou par la désignation du magistrat, étaient tenus par suite de l'acquisition qu'ils avaient faite de certains biens affectés au service de la corporation.

Les chefs de la corporation pouvaient quelquefois provoquer de la part de l'autorité supérieure une décision excluant un membre de la corporation. Il en était ainsi chez les *pistores* (4); le préfet de l'annone chassait de ce collège les *decoctores*, c'est-à-dire ceux qui tombaient

(1) 2, C. Th., XIV, 8—162, C. Th., XII, 1.—3 et 11, C. Th., XIII, 5. 8, C. Th., XIV, 4.

(2) 7, C. Th., XIV, 3.

(3) 2, C. Th., XIV, 4.

(4) 15, C. Th., XIV, 3.

en déconfiture et qui compromettaient ainsi les intérêts de la corporation. Souvent cependant les membres exclus étaient ensuite rétablis dans leurs droits par le Préfet de l'annone, ce qui présentait des inconvénients graves au point de vue de l'intérêt public. Aussi Gratien ordonna-t-il, en 377, que les exclusions seraient désormais toujours irrévocables.

Enfin, en cas de nécessité absolue, on pouvait prendre aux corporations quelques-uns de leurs membres pour remplir la curie déserte (1). Cela résulte clairement d'une constitution des empereurs Valentinien, Théodore et Arcadius (2). L'admission dans la curie libérait les nouveaux curiales du service des collèges.

(1) Houdoy, p. 614.
(2) 119, C. Th., XII, 1.

CHAPITRE III

LES IMMUNITÉS DES MEMBRES DES CORPORATIONS.

Les membres de chaque corporation jouissaient de nombreux et importants priviléges. C'était là une compensation qui leur était offerte en échange des charges qui leur étaient imposées. Ces priviléges n'avaient rien d'uniforme ; tel collége jouissait de tel droit spécial que les empereurs n'avaient pas jugé bon d'étendre à un autre collége. Nous allons passer en revue les principaux de ces priviléges.

1. — *Excuse de la tutelle.* — Callistrate nous fournit des renseignements sur ce privilége. « Nous affirmons, dit-il, que les membres de colléges comme celui des *fabri* jouissent de l'immunité et ont une cause d'excuse qui leur permet de refuser la tutelle d'impubères étrangers à la corporation. Il n'en serait pas ainsi, cependant, si, par suite de l'accroissement de leur biens, ils étaient devenus passibles des autres charges publiques. Cette matière est réglée par les constitutions impériales. D'ailleurs, toutes les corporations et tous les colléges ne jouissent pas de cette immunité; quoiqu'ils soient tous exempts des charges municipales, il faut une concession spéciale de ce privilége à

chacun. (1). » Cette exigence est parfaitement conforme au principe général posé par Modestin : « Qui accepit « vel habet immunitatem civilium vel publicorum « munerum, hic a tutela vel cura non excusabi- « tur (2). »

Arcadius et Honorius accordèrent l'*immunitas a tutela* aux *navicularii* (3) de Rome, tout en les laissant astreints à la tutelle des mineurs de leur corporation. Quant aux *navicularii* d'Orient, une constitution de 334 leur accorda la même immunité, qui s'applique à la tutelle légitime ou dative (4). D'après Godefroi, la tutelle testamentaire, organisée par la loi des XII Tables (5), est comprise dans l'expression *legitima tutela* employée par cette loi.

Les *pistores* sont excusés de la tutelle, pourvu qu'ils exercent leur métier par eux-mêmes (6). Quant aux *pistores* de Rome, ils sont affranchis même de la tutelle des enfants de leurs *collegæ*, ce qui est une dérogation aux principes résultant d'une concession spéciale (7).

Nous pensons que cette cause d'excuse ne libérant que de la tutelle non acceptée, c'était une excuse *a suscipienda tutela*, mais non *a suscepta tutela*. La cause

(1) 17, 2 et 3, D., XXVII, 1.
(2) 15, 12, D., XXVII, 1.
(3) 24, C. J., V, 62.
(4) 7, C. Th., XIII, 4.
(5) Comm. ad. d. l.— 1, pr. D., XXXVI, 2.
(6) 46, pr. D., XXVII, 1.
(7) 41, 3, D., XXXVII, 1.

d'excuse fournie par les charges publiques ne valait, en général, que dans ces limites (1).

2.— *Lois Julia et Papia decimaria.*— Les *navicularii* d'Orient étaient exempts des lois *Juliæ* et *Papiæ decimariæ.* Or, je rappelle que ces lois introduisaient des peines contre le célibat et des récompenses en faveur de la paternité. Ces lois restreignaient en outre la quotité disponible en faveur du conjoint survivant, lorsqu'il n'était pas né d'enfants du mariage (2). Claude en avait affranchi les constructeurs de navires (3). Cet avantage fut probablement étendu à d'autres corporations industrielles ; au moins avons-nous, dans ce but, une constitution de Constance en faveur des *navicularii.* D'ailleurs, la concession du *jus liberorum* était un des avantages que le gouvernement impérial accordait le plus fréquemment.

3.— *Priviléges en matière judiciaire.* — Ce privilége paraît avoir été restreint aux décurions et aux *navicularii*, qui ont toujours gardé une situation plus élevée que les autres colléges. Voici en quoi il consistait : un plaideur pouvait toujours obtenir de la toute-puissance de l'empereur que sa cause fût enlevée, par un rescrit impérial, au juge ordinaire, pour être portée à un juge extraordinaire. Constantin accorda à titre de grâce aux

(1) 3, C. Just., I, 25.
(2) 7, C. Th., XIII, 5. Cf. 2, C. Th., VIII, 17.
(3) Suet., in Claud., C. 18 et 19.

navicularii d'Orient de ne pouvoir, même en vertu d'un rescrit, être traduits devant un juge autre que leur juge ordinaire (1) Il faut assigner à cette faveur le même motif qui l'avait fait attribuer aux pupilles et aux veuves; il serait inhumain d'imposer des voyages prolongés aux *navicularii*. En outre, le service de l'annone eût pu souffrir de l'absence de ceux qui en étaient chargés. Ajoutons que ce privilége était borné aux causes civiles, et que le renvoi devant un juge extraordinaire pouvait toujours être ordonné en matière criminelle.

4.—*Torture.*— La procédure criminelle de la Rome impériale était armée d'un terrible appareil de torture. Chevalet, *fidiculæ*, ongles de fer déchirant les flancs, feu brûlant les membres, tels étaient les moyens employés par le magistrat romain pour arracher l'aveu au coupable (2). Mais de nombreuses catégories de personnes avaient été exemptées de ces supplices; citons seulement les *curiales* et les *navicularii*. Les *navicularii* ne jouissaient de cette faveur que parce que la dignité de chevalier, *dignitas equestris*, leur avait été conférée par Constantin et Julien; or, l'exemption de la torture étai un privilége inhérent à cette dignité (3). Les autres col-

(1) 2, C. Th., I, 9. 9, C. Th., II, 1. 4 et 5, C. Th., II, 4. 1, C. Th., II, 7. 7, C. Th., XIII, 5.

(2) C. Th., IX, 35, Paratitlon. Cf. Invernizi. De publicis et criminalibus judiciis romanorum, libri III, réimprimé à Leipzig. en 1846. par Bocking.

(3) 16, C. Th., XIII, 5.

léges ne paraissent pas avoir joui de ce privilége; c'est là, entre ces colléges et la curie, une différence caractéristique au point de vue de la hiérarchie sociale.

5.—*Service militaire.* — Une novelle des empereurs Théodose II et Valentinien III, rendue en 440, décide que les membres des corporations de Rome ne peuvent être astreints au service militaire. Ils ne sont tenus qu'à la garde et à la réparation des murs, des tours et des portes. En effet, Honorius avait déclaré, en 412, que les habitants des villes étaient tenus de contribuer à ces constructions ou réparations, en proportion de leur fortune immobilière (2).

En 445, il fut défendu aux *corporati* qui ne seraient point quittes de leur service envers leur collége de s'enrôler sous les drapeaux (3).

6.—*Impôts.* — De nombreux priviléges en matière d'impôts étaient accordés aux corporations. Constantin et ses successeurs ont accordé sur ce point la plus large immunité aux *navicularii* (4). Nous pouvons présumer que les autres corporations durent jouir de la même faveur à un degré plus ou moins étendu.

7.— *Immunité des charges municipales.* — On sait de quel poids les charges municipales pesaient sur les ha-

(1) Nov. Theod., XLIII.
(2) 49, C. Th., XV, l. 12, C. J., VIII, 12.
(3) Nov. Theod., XXVI.
(4) 5 et 7, C. Th., XIII, 5.

bitants des villes. De bonne heure, dès l'époque des jurisconsultes classiques, les membres des corporations en étaient dispensés. En effet, si tous devaient contribuer au bien public, tous n'étaient pas tenus d'y contribuer par les mêmes moyens. Les *curiales* assuraient l'administration de la cité et le service de l'impôt; les colléges d'artisans, comme le dit Callistrate, ont pour but d'assurer l'exécution des travaux utiles à la communauté : « Instituta sunt ut necessariam operam publicis utilitatibus exhiberent » (1). Les *collegiati*, aux termes d'une novelle de Majorien (2), forment dans la cité un ordre inférieur à la curie, et placés sous la direction des *curiales*. Dès lors, le service dans un collége devait exempter de celui de la curie, et les *collegiati* avaient droit à l'immunité, pourvu qu'ils fussent de bonne foi et ne se réfugiassent point dans un collége pour échapper à la curie.

Voici ce que nous dit sur ce sujet le jurisconsulte Callistrate (3) :

« Les marchands qui viennent en aide au service des approvisionnements de Rome et les *navicularii*, qui transportent l'*annona*, obtiennent l'immunité des charges publiques tant qu'ils exercent cette profession : car il faut les récompenser des dangers auxquels ils s'exposent et les encourager par des récompenses... En effet, il n'est pas impropre de dire qu'ils sont excusés au même

(1) 3, 12, D., L., 6.
(2) Nov. Maj.
(3) 5, 3, D., L., 6.

titre que les absents *Reipublicæ causa* (1).» Et plus loin il ajoute : « L'immunité a été accordée à certains colléges et à certaines corporations auxquels le *jus coeundi* a été concédé par une loi : à savoir, à ces colléges et à ces corporations où l'on est reçu à cause de sa profession, tel est le corps des *fabri*, et ceux qui ont la même origine, c'est-à-dire qui ont été institués pour exécuter les travaux nécessaires à l'utilité publique. » Ces textes mettent en évidence le principe ; nous allons en voir l'application.

L'*immunitas*, en principe, n'est accordée que *a munere non suscepto* (2), c'est-à-dire que si le curiale vient, après avoir accepté les charges de la curie, à entrer dans une corporation d'*immunes*, il ne pouvait faire valoir l'immunité. Il en était vraisemblablement des membres des corporations comme des vétérans, qui pouvaient ne pas se prévaloir de leur immunité (3) ; mais, une fois abandonnée, la cause d'excuse ne pouvait plus être alléguée dans la suite, à moins que l'*immunis* ne se fût réservé ce droit.

Les rescrits et les autres actes impériaux avaient renfermé l'immunité dans de justes limites. Ainsi, pour en profiter, il fallait être véritablement artisan et ne pas s'être fait agréger pour la forme (4). De même, l'immunité n'était pas accordée aux vieillards, qui n'étaient plus ca-

(1) 5, 12, D., L., 6.
(2) 5, 12, D., L., 6.
(3) 1, C. Just., X, 43.
(4) 5, 12, D., L., 6. C. Cff. 9, C. J., I, 2.

pables de remplir le service de la corporation. Enfin, quelquefois les citoyens riches, pour échapper à la curie, consacraient une partie minime de leur fortune à l'achat de navires, afin de faire partie du collége des *navicularii* (1). Les constitutions impériales déjouaient cette ruse. Elles exigeaient que toutes les conditions requises du membre de la corporation fussent réunies chez celui qui prétendait à l'immunité. Elles ne permettaient pas aux riches de dénaturer à leur profit le privilége : « Sed ne « quidem eos qui augeant facultates, et munera civita- « tium sustinere possunt, privilegiis quæ tenuioribus per « collegia distributis concessa sunt uti posse, plurifa- « rium constitutum est (2). » Si les membres des colléges ne peuvent être créés décurions, ils sont forcés de subir les charges municipales lorsqu'ils ont une fois accepté cette qualité (3).

Il est utile de remarquer que, d'après Callistrate (4), l'immunité a d'abord été accordée aux *navicularii*, et ensuite étendue aux autres colléges : C'est ce qui résulte de la manière dont ce jurisconsulte qualifie l'immunité ; c'est, dit-il, l'*immunitas naviculariorum*.

Ajoutons que les *immunes a muneribus publicis* n'étaient exempts que des charges personnelles et demeuraient soumis aux charges patrimoniales, telles que l'*hos-*

(1) 5, 8, D., 6.
(2) 5, 12, D., L., 6.
(3) Cf. 9, 1, D., D., 2 et 5, 13, D., L., 6.
(4) 5, 13, D., L., 6.

pitium publicum (1), etc. Il en était autrement, à coup sûr, lorsque le patrimoine était lui-même affecté au service d'une corporation (2).

Le Jurisconsulte Tarruntenus Paternus, énumère de nombreuses professions qui avaient droit à l'immunité (2). Plus tard cette question attira l'attention de Constantin, qui accorde ou maintient l'immunité à de nombreux corps de métiers. « S'il reste du temps aux artisans, dit Constantin, qu'ils l'emploient à se perfectionner eux-mêmes et à instruire leurs enfants » (3).

Nous empruntons à M. Houdoy la liste des corps de métiers dont l'immunité est reconnue par Constantin. L'empereur comprend dans son énumération les architectes, les médecins, les sculpteurs de bois, les ouvriers en mosaïque, les doreurs, les crépisseurs, les ouvriers qui travaillent l'argent, les brodeurs, les tourneurs, les ciseleurs sur bronze, les fondeurs, les constructeurs de machines, les ouvriers en maroquin, les niveleurs, les potiers, les orfèvres, les verriers, les plombiers, les miroitiers, les ouvriers en ivoire, les pelletiers, les foulons, les charpentiers, les peintres de murailles, les mon-

(1) 3, C. J., X, 41.

(2) 6, D., L., 6.

(3) Cette loi est nn texte concernant l'application de la loi Aquilia sont, dans les lois romaines, les seules dispositions qui s'occupent de l'apprenti.

(3) 1, C., X, 64.

(4) Droit municipal, p. 508 et s.

nayeurs, les constructeurs de triges (chaises à deux roues), enfin les batteurs de métaux.

8. — Après vingt ans, les jeunes gens qui étaient venus à Rome pour y faire leurs études étaient renvoyés à leur province d'origine par les soins des magistrats romains (1). On ne voulait pas, en effet, que, sous prétexte d'études, ces jeunes gens puissent se soustraire aux charges locales qui allaient peser sur eux. Toutefois, ceux de ces jeunes gens qui s'étaient engagés dans les corporations de Rome échappaient à la loi, ils pouvaient, et même ils devaient demeurer à Rome pour y remplir le service public qu'ils avaient accepté.

(1) 1, C. Th., XIV, 9.

CHAPITRE IV.

VIE INTÉRIEURE DES COLLÉGES.

En dehors des exigences du service public, chaque corporation jouissait d'une certaine liberté. Les inscriptions et les auteurs ont conservé quelques vestiges de la vie de ces corporations; nous allons maintenant les recueillir.

Nous avons déjà fait ressortir le caractère religieux des corporations. En cela, les colléges n'échappent pas à la loi commune des associations romaines. Chacun avait sa divinité spéciale : nous avons vu les marchands recevoir la charge du culte de Mercure, d'origine étrangère. Quand elle n'avait pas de divinité de nom connu, la corporation honorait son génie tutélaire. De là les inscriptions : « *Genio collegii pavimentariorum,* — *Genio collegii fabrum* — *Genio collegii centonariorum* » (1).

Le culte se traduit au dehors par des manifestations de différent genre : les jeux, les temples, les repas sacrés. Nous avons vu des colléges créés uniquement en vue de la célébration des jeux : il suffit de rappeler les confré-

(1) Orel., 1710, 1711, 4122, 239. — Corp. Berolin, III, 424.— Ibid., V, 7595 et 7557.

ries d'Augustales, qui célébraient en l'honneur d'Auguste les jeux de carrefours. Nous ne connaissons point de renseignements positifs sur des jeux dont la célébration aurait été confiée à des colléges d'artisans. Il est fort probable qu'il en a été ainsi ; mais il est difficile de l'assurer en toute sécurité. Quant aux temples, nous avons des documents certains. Il suffit de citer une inscription(1) qui mentionne le « templum collegii fabrum et centonariorum Regiensium. » Souvent le lieu consacré aux réunions portait le nom de *schola* ou de *curia*, mais néanmoins cet édifice avait un caractère religieux ; il était élevé pour le salut des empereurs et il était consacré par la cérémonie de la *dedicatio* (2). L'ornementation de la *schola* préoccupait les membres du collége ; quelquefois la générosité de leurs patrons ou de leurs bienfaiteurs, leur venait en aide (3).

Les banquets sacrés, qui souvent durent dégénérer en réunions profanes, etaient très-fréquents dans les colléges. Des dons et des legs étaient faits, notamment afin que l'anniversaire de la mort du donateur fût celébré sur sa tombe par une cérémonie particulière, les *rosalia*, — qu'accompagnait généralement un banquet. Célébrer les *rosalia*, c'était porter, chaque année, des roses sur le tombeau de la personne dont on voulait honorer la mé-

(1) Or., 4123.

(2) Corp. Berol., III, 1174. — Orelli, 4088. — Cf. Forcellini, V, Schola.

(3) Scholam cum statuis et imaginibus ornamentisque omnibus, sua impensa fecit. — Corp. Inscr. Berol., VI, nº 1036. — Or., 4689.

moire. Tibulle mentionne cette coutume dans ce vers :

Annua constructo serta dabit tumulo (1).

Citons, à titre d'exemple, une inscription : « L. Ogius « Patroclus, secutus pietatem collegii centonariorum, « hortos cum ædificio huic sepulturæ juncto vivos (vivus) « donavit ut ex reditu eorum largius *rosæ* et *escæ* patrono « suo et quandoque sibi ponerentur (2). » En Pannonie, à Emona, un décuriale du collége des *fabri* et sa femme avaient adressé un legs à quatre décuries de ce collége *uti rosas carnariis ducant*. Quant aux banquets, ils avaient lieu soit à l'occasion de la dédicace d'un temple, soit à l'occasion d'un anniversaire (3). Ces banquets entraînaient souvent de grands frais ; Varron, se plaignant des dépenses qui en résultaient pour les *collegiati*, écrit : « Collegiorum cenæ innumerabiles incen- « dunt annonam (4). » Quelquefois le lieu de réunion du collége s'appelait la maison de festin : *domus triclinii* (5).

Les bienfaiteurs des colléges ne se bornaient pas à assurer par des fondations la perpétuation de ces cérémonies funéraires. Ils établissaient souvent des distributions d'argent qui devaient être faites à tous les *collegæ*, an-

(1) Tibulle, II, 4, 48.

(2) Or., 4070. V. aussi Or., 4080. Corp. Inscr. Berol. V. 2176, 2315. Cf. V, 4015: « Sollemnia ciborum et rosarum » (Laybach).

(3) Pline, Epist., IV, 1. — Cf. Prudence, 1, 6, 1, contr. Symmach, V, 267.

(4) De Re Rust., III, 2, 16.

(5) Or., 4133 et s.

nuellement ou à des époques plus rapprochées. La part de chacun portait le nom de *sportula*, du nom des corbeilles avec lesquelles les clients romains venaient saluer leur patron.

Le patron du collége des « piscatores et urinatores to- « tius alvei Tiberis » avait fait une donation à ce collége, « ut quotannis, natali suo, sportulæ viritim dividantur (1). Une donation analogue avait été adressée au collége des *fabri* et des *centonarii* de Côme (2). Chaque année, à l'anniversaire de la naissance de la personne que le donateur voulait honorer, deux cents deniers étaient partagés, à titre de *sportulæ*, entre les membres présents de la corporation. Un festin sacré leur était offert au jour des *parentalia* (3), tandis que des couronnes de myrtes ou de roses étaient placées sur le monument funèbre des bienfaiteurs.

La sollicitude des colléges d'artisans s'était particulièrement portée vers leurs confrères défunts. Beaucoup d'entre ces colléges s'étaient constitués en colléges funéraires (4) ; on sait que cette forme d'association, si répandue dans les classes inférieures de l'Empire (5), avait pour but d'assurer aux membres qui s'y enrôlaient des funérailles décentes. Il y a une analogie étrange

(1) Orelli, 4015, 4074.

(2) Corpus Berolin, V, 5272. — Cf., V, 4448, 4449 (Brescia).

(3) Sur les Parentalia, Cf., Petrone, Satyr., 78.

(4) Corp. Berolin., III, 3554, 3580, 3583.

(5) Ces colléges existaient dans les provinces comme à Rome. Les inscriptions nous prouvent qu'il y en avait en Espagne, dans la Manche. Corp. Berolin., II, 1202.

entre ces associations et celles que forment, de nos jours, dans le même but, les colons chinois transportés en Amérique.

Parmi les inscriptions qui rappellent ce côté des attributions des colléges romains (1), on nous permettra d'en citer une qui nous paraît caractéristique. Il s'agit d'un membre du collége des *mensores machinarii*, qui dispose du reliquat du *funeraticium*. Le *funeraticium* était la somme que l'héritier institué avait le droit de demander à la corporation pour les frais des funérailles du *collega* décédé. Cette somme, dans les colléges funéraires, était payée en échange des prestations périodiques que le défunt avait dû servir pendant sa vie à la corporation. Ici le *funeraticium* devra revenir au collége, afin que, des intérêts de ce capital, un sacrifice solennel soit célébré chaque année le jour anniversaire de la naissance du testateur, ainsi que des cérémonies funèbres en l'honneur de ses parents (*parentalia*), et des *rosalia* (2). Il est donc hors de doute que les colléges d'artisans s'occupaient de de cérémonies funèbres. Peut-être était-ce quelquefois leur but le plus important. Souvent, en effet, on voit des colléges avoir des lieux de sépulture commune (3).

Quelquefois, des corporations dédient des inscriptions aux dieux mânes et à la mémoire de leurs collègues ou de leurs bienfaiteurs. A Aquincum, dans la Pannonie supé-

1) Or., 2409, 2413, 4207, 5044, 4093, 2399, 2405, etc.
(2) Or., 4107.
(3) Corp. Berolin., V, 8.

rieure, le collége des *centonarii* (1) contribue à la sépulture d'un médecin, qui était sans doute un bienfaiteur de la corporation.

Les résolutions que prenaient les colléges dans leurs assemblées étaient exprimées dans la forme de *decreta*. Voici comment étaient conçus ces décrets, dont l'épigraphie nous a conservé quelques exemples :

D'abord, le *scriba* de la corporation, qui rédige l'acte, indique l'année par les consuls, et le lieu, *templum* ou *schola*, où la corporation est réunie. Ensuite il nomme le fonctionnaire au rapport duquel la proposition a été introduite ; il mentionne la proposition elle-même et la décision prise : « Referentibus talibus « quæstoribus, verba fecerunt (collegiati) : Tutilium Ju- « lianum, virum et vita, et modestia, et ingenita verecun- « dia ornatum et liberalem oportere collegii nostri patro- « num *cooptari*, ut sit cæteris exemplo judicii nostr « testimonium. »

Il s'agit donc de la *cooptatio* du patron. Le décret date de l'an 190 après Jésus-Christ.

Le texte, continue ainsi :

« Quod fieri placuit, de ea re ita censuerunt salubri « consilio tam honestam relationem a questoribus et ma- « gistris collegii nostri factam, et singuli, et universi ; et « ideo excusandam potius honesto viro Juliano hujus « tardæ cogitationis nostræ necessitat, petendumque ab « eo libenter suscipiat collegii nostri patronatum, hono- « rem, tabulamque æream cum inscriptione hujus decreti

1) Corp. Berolin., III, 3583.

« in domo ejus poni censuerunt » (1). Telle était la forme sous laquelle étaient rédigées les décisions de la corporation. Ces décisions avaient souvent pour objet d'honorer un bienfaiteur ou de nommer des dignitaires. Les décrets sont d'ailleurs rédigés à l'imitation des décrets des décurions (2).

Dans l'organisation municipale, les deux tiers des décurions devaient être présents à l'assemblée de l'*ordo*, pour que cette assemblée pût rendre un décret valable (3). Nous présumons qu'une règle analogue devait être en vigueur parmi les colléges.

Lorsque les colléges avaient un vœu à porter à l'empereur, ils le formulaient dans un décret qui sans doute était transmis à l'empereur par l'intermédiaire d'un *legatus;* de là, les constitutions impériales rendues *ad decretum naviculariorum* (4).

Nous ne trouvons dans les corporations rien de semblable aux réglements de travail des corporations de métiers de l'ancienne France. Il faut venir jusqu'à Zénon pour rencontrer un acte public qui maintienne la liberté commerciale contre des coalitions passagères ou contre les entreprises de corporations. Zénon prohibe absolument : le monopole de la vente des vêtements et des aliments nécessaires à la vie ; les coalitions qui ont pour but de maintenir les prix de vente à un certain taux ; les conven-

(1) Orel., 4133.
(2) Grut., 101, 1.
(3) 3 et 4, D., III, 4.
(4) 1, C. Th., XIII, 5.

tions par lesquelles les ouvriers et les entrepreneurs se promettent mutuellement que l'un d'entre eux n'achèvera pas l'ouvrage entrepris par l'autre. Des peines sévères, l'exil et de fortes amendes, menaçent les chefs des diverses professions, au cas où ils contreviendraient à ces dispositions (1).

Ce texte indique bien que les artisans et les marchands s'étaient entendus pour se rendre maîtres des marchés; mais il réprouve énergiquement ces pratiques. Il est permis dé croire que bien souvent les artisans d'un même collége, rapprochés dans leur corporation, ont dû se concerter pour favoriser leurs intérêts; mais encore une fois les documents ne sont pas assez nombreux pour que nous puissions exprimer sur ce point une opinion positive

Un fait peut servir à nous expliquer le silence des textes sur la condition des artisans qui travaillaient pour les particuliers : c'est l'immense développement qu'avait pris à Rome l'habitude de faire travailler les esclaves à la maison. Il serait superflu d'insister sur ce côté caractéristique de la société antique, que maints passages des auteurs classiques mettraient en lumière. Nombreux étaient les Romains dont on pouvait répéter ce que disait Pétrone de son *Trimalchion* : « Nec est quod putes illum « quidquam emere; omnia domi fiunt (2). »

Les colléges ne demeuraient pas étrangers aux fêtes célébrées par le municipe ou par l'Etat. Leurs membres, ou au moins leurs chefs, avaient des places spéciales à

(1) L. un., C., IV, 59. — L. 12, 8, C., VIII, 10.
(2) Petrone, Satyricon., 38.

l'amphithéâtre ; il en était ainsi, notamment dans les villes du midi de la France, pour les mariniers de la Saône et du Rhône. Les corporations figuraient avec leurs emblêmes dans les solennités publiques. Ainsi, les *vexilla* des collèges parurent à la pompe funèbre ordonnée par Septime Sévère en l'honneur de Pertinax (1). Lorsque Gallien, vainqueur de Byzance, revint à Rome, les étendards des colléges accompagnaient son char de triomphe à côté de ceux des temples et des légions (2).

Il en fut de même, lorsque Aurélien triompha de Zénobie (3). Les corporations des Gaules avaient des étendards comme ceux de Rome ; Constantin, visitant la ville d'Autun, après l'insurrection des Bagandes, rencontra sur sa roule les *vexilla* et les ornements des corporations, qui avaient été disposés pour lui faire honneur.

Les colléges ne se renfermèrent pas toujours dans un rôle purement religieux et industriel, comme les *sodalicia* du temps de Cicéron, ils voulurent profiter de leur organisation pour faire triompher leurs candidats dans les comices municipaux. Il nous est resté un témoignage curieux de la part que les corporations prirent aux élections municipales. Lorsque la ville de Pompéi fut surprise par l'éruption du Vésuve, elle était à la veille de se livrer à l'élection de nouveaux édiles. Or, les murs de Pompéi ont gardé jusqu'à nos jours les recommandations que les colléges y avaient fait inscrire en faveur de leurs

(1) Dio Cass., lib., LXXIV, C., 4.

(2) Treb. Pollio Gallieni duo, C., 18.

(3) Vopiscus, in Aureliano, C., 34.

candidats. Ce sont de véritables affiches électorales, ainsi conçues : « Posidium Rufum, ædilem, piscicapi fa-« ciunt. — C. Cuspidium Pansam, ædilem, aurifices uni-« versi rogant. Marcellinum, ædilem, lignarii et plostrarii « rogant ut faciatis » (1). Plus tard, les corporations du moyen-âge prendront une part importante aux élections municipales ; les six corps de marchands de Paris, les drapiers et les tisserands des villes de Flandre, les bannières des métiers d'Amiens décideront en maîtres du sort des cités.

(1) Or., 3700, 3706, 4265.

TROISIÈME PARTIE

Situation juridique des colléges

CHAPITRE Ier.

PERSONNALITÉ CIVILE DES COLLÉGES.
SES CONSÉQUENCES.

1. — Les anciennes associations jouissaient-elles de ce que nous appelons la personnalité civile? C'est là une grave question, qui s'impose tout d'abord à notre attention (1).

Nous croyons, avec M. Mommsen (2), que la personnalité civile n'est pas une idée ancienne à Rome. Le droit romain primitif, avec son caractère matérialiste, ne pouvait dégager complètement la conception idéale de l'être moral, le législateur s'arrête à la personne physique, et ne se préoccupe que des droits dont cette personne est le

(1) Cf. Dirksen. Ueber die Zustand der Juristischen personen, — dans les «Civilistiche Abhandlungen», t. II, et Savigny, System., t. II.

(2) De colleg., cap. VI.

sujet. L'idée de la personne civile n'apparaît que dans un milieu plus avancé, où l'analyse des idées juridiques est poussée plus loin.

Un fait vient corroborer cette assertion. Chez tous les peuples, les corporations religieuses tiennent un rang important. A Rome, nous trouvons, à la vérité, des colléges de prêtres remontant à une haute antiquité. Mais ces colléges n'étaient pas constitués à l'état de personnes morales, et cela s'explique facilement. En effet, dit M. de Savigny (1), « le besoin de constituer la personne juridique se faisait peu sentir. Car pour ces diverses associations (de prêtres, d'artisans, de licteurs, etc.), la chose importante était la communauté d'action, et encore la position politique; la capacité de la propriété n'était qu'un intérêt secondaire. Ainsi, par exemple, le culte des Dieux entraînait de grandes dépenses; mais elles étaient à la charge de l'État, ce qui rendait moins nécessaire une affectation de biens soit aux colléges de prêtres, soit aux temples mêmes. Si d'ailleurs on voulait faire une fondation pour le culte, il suffisait de consacrer les biens composant la donation; ils étaient dès lors mis hors du commerce, sans devenir la propriété ni du temple ni des prêtres. »

Ce qui nous porte à étendre ces observations du savant auteur allemand aux colléges d'artisans, c'est que nous sommes surtout disposé à attribuer à ces colléges, à l'origine, un caractère religieux. On a vu com-

(1) Système, t. II, p. 234 (trad. Guenoux).

ment le culte de Mercure avait été confié aux *mercatores;* il n'y a donc pas de témérité à rapprocher les premiers colléges industriels des colléges de prêtres. En effet, l'idée religieuse domine partout dans ces premiers temps de Rome, et, nous le répétons, chaque unité sociale, la corporation, a sa Divinité tutélaire; les *sacra* sont le lien qui unit les parents, les membres de la *gens* et les citoyens dans l'État.

Les colléges de prêtres eurent de bonne heure des esclaves et des immeubles. De nombreux textes confirmeraient cette assertion, si besoin en était. Ces biens venaient de l'État et demeuraient, pour ainsi dire, sous le domaine éminent de l'État. C'est ainsi que le Sénat put ordonner de vendre les biens des temples pour subvenir aux frais de la guerre contre Mithridate (1). M. de Savigny a mis en évidence cette faculté, qui appartenait à l'autorité, de changer la destination des biens affectés à des services publics remplis par des associations.

Mais, si les associations ne jouissaient pas de la personnalité civile dans cette première période du droit romain, il faut au moins admettre que l'État en jouissait. L'État est, par excellence, la personne morale nécessaire à l'existence de la société. On ne peut supposer une société où l'État ne serait point considéré comme personne morale et n'aurait point un patrimoine distinct de celui des sujets. Il faut donc admettre que la personnalité

(1) Appien, de bello Mithridat., C. 22.— Cf. Dirksen, Civilistische Abhandlungen, II, p. 140 et suiv.

(2) De la possession, § 12, 2.

de l'Etat romain ne fût jamais méconnue. Rome devint le type de toutes les personnes civiles qui se développèrent ensuite.

Remarquons d'ailleurs que le droit romain primitif ne se prêtait pas au fonctionnement des personnes morales. La personne morale ne peut agir que par ses représentants; or, les actes, les *legis actiones*, ne comportent pas la présence des représentants. Il faut que les parties y figurent en personne, tant cette procédure est faite pour des individus qui ont l'habitude de se rencontrer chaque jour au *forum*. Ainsi, s'agit-il de la *legis actio* employée dans les procès? nul n'y peut agir au nom d'autrui, à moins qu'il n'agisse *pro populo*, *pro tutela*, ou comme *assertor libertatis* dans une *liberalis causa* (1). *Pro populo*, c'est là une exception qui se rapporterait à la seule personne juridique admise dans l'ancien droit; il n'est pas question alors d'autres *universitates*. Et quant à la *legis actio* employée dans la juridiction volontaire, les mêmes inconvénients eussent paralysé l'action des personnes morales. Ainsi une *universitas* n'eût pu acquérir par l'*in jure cessio*, puisqu'elle ne pouvait exercer une *vindicatio*.

Plus tard, quand la procédure formulaire fut introduite, l'acte qui permit de constituer un représentant en justice nécessita encore la présence *in jure* du mandat. Le mandat était, en effet, donné devant le juge en termes solennels : « Quando tu a me fundum petis..... in eam rem Pu-

(1) Gaius, IV, 9.

« blium Mævium cognitorem do » (1). Toutes ces formes sont incompatibles avec l'existence de personnes morales.

Cependant, à côté de l'État, vinrent bientôt se placer d'autres *universitates* : nous voulons parler des villes auxquelles les conquérants romains ravirent leur indépendance. « Quand une ville était soumise (2), si elle avait fait *deditio*, elle cessait, il est vrai, d'être une cité ; mais, à moins que les maisons ne fussent rasées, que les habitants ne fussent tous vendus comme esclaves, elle était bientôt reconstituée, soit que Rome la laissât se réorganiser d'elle-même, soit que, en en formant une colonie, elle lui donnât une organisation modelée sur la sienne. Quand la guerre, comme cela avait lieu le plus souvent, se terminait par un *fœdus*... les villes soumises gardaient leurs *sacra* et leurs lois, pourvu qu'elles n'eussent rien de contraire aux lois romaines. Ce *fœdus*, qui émanait du pouvoir législatif, enlevait à la ville la personnalité qui résultait de sa souveraineté, mais la reconnaissait comme *universitas* : *corpus habere sinebat*. Cette modification était profonde. Il y a, en effet, une grande différence entre la personne civile appelée *populus* et les villes qui ne sont que de simples *universitates*. La première a la plénitude des droits qui peuvent appartenir à une personne, tandis que, pour les secondes, la capacité, au moins au début, n'est que l'exception : elle ne résulte qu'explicitement ou implicitement de la loi à

(1) Gai., IV, 83.
(2) Houdoy, Droit municipal, p. 126.

laquelle la personne morale doit son existence, et se restreint dans les limites posées par cette loi. »

Ainsi donc, voici déjà une seconde classe de personnes morales : les cités.

A l'époque classique, la liberté d'association était restreinte, mais les colléges autorisés se constituaient sur le modèle de la cité. Ils arrivèrent bientôt à la personnalité juridique. Comme les seuls colléges autorisés étaient les colléges nécessaires ou utiles au bien public, l'Etat dut n'éprouver aucune répugnance à encourager ces colléges en leur reconnaissant la personnalité civile, le *corpus*. Aussi tous les colléges jouirent de cette personnalité, même les *collegia tenuiorum*.

Gaïus écrit (1): « Neque societas, neque collegium, ne-
« que hujusmodi corpus passim omnibus habere concedi-
« tur; nam et legibus et senatus-consultis et principalibus
« constitutionibus ea res coercetur; paucis admodum in
« causis concessa sunt hujusmodi corpora, ut ecce
« vectigalium publicorum sociis permissum est corpus
« habere; vel aurifodinarum, vel argenti, fodinarum, et
« salinarum. Item collegia Romæ certa sunt, quorum
« corpus senatus-consultis atque constitutionibus prin-
« cipalibus confirmatum est. veluti pistorum, et quorum-
« dam aliorum et navicularriorum, qui et in provinciis
« sunt. » A ces associations auxquelles il est permis de former un *corpus*, il appartient d'avoir, à l'exemple d'une cité, des biens communs, une caisse commune, et un *actor* ou *syndicus* qui fasse ce qu'il convient de faire dans

(1) 1, Pr., et D., III, 4.

l'intérêt commun comme c'est l'habitude dans une cité, *tanquam in republica*. Ce texte de Gaius montre bien la personnalité civile unie à l'autorisation donnée au collége. Veut-on une autre preuve du lien de ces deux idées? Je la trouve dans un texte de Paul (1). « Le Sénat, ayant, du temps de Marc-Aurèle, permis d'adresser des legs à des colléges, il ne faut pas douter que le legs adressé à une corporation autorisée à se réunir (*cui licet coire*) ne soit valable. Mais il ne sera pas valable si la corporation n'est pas autorisée à se réunir, à moins que le legs ne soit adressé aux membres pris individuellement, car alors ils exerceront leurs droits comme individus (*homines certi*), et non comme collége. »

Ainsi, à l'époque classique, le *jus coeundi* et le *jus corpus habendi* se confondent. Toute association qui a le *jus coeundi* est considérée comme une personne juridique.

Il nous reste une observation à faire. La personnalité juridique pourrait avoir été reconnue aux sociétés vectigaliennes avant d'avoir été accordée aux colléges. En effet, Varron nous parle des esclaves des *societates*: « Nomina habent ab oppidis plerique libertini a munici- « pio manumissi in quo, ut societatum et fanorum servi, « non servarunt proprietatis rationem (2) ». Donc, au temps de Varron, les associations vectigaliennes (les seules qui puissent être désignées ici sous le nom de *societates*) avaient des esclaves qu'elles affranchissaient; elles étaient donc personnes morales.

(1) 20, D., III, 4.
(2) De ling. lat., VIII, 83.

Ainsi, à l'époque classique, la personnalité civile était accordée par l'État. Et la personne juridique, une fois constituée, fut peu à peu par les jurisconsultes à une personne physique.

Ces principes demeurèrent toujours en vigueur en droit romain.

On peut résumer ce que nous venons de dire en quelques propositions :

1° L'idée de la personnalité civile (*corpus habere*) a d'abord été appliquée aux municipes : pour punir Capoue, par exemple, on lui enleva toute personnalité : *nullum corpus civitatis* ;

2° Sous l'Empire, tous les collèges autorisés par les sénatus-consultes ou les constitutions impériales jouissent de la personnalité civile.

2. — Les collèges autorisés et reconnus comme personnes civiles avaient un patrimoine : « Quibus permis-
« sum est corpus habere..., proprium est, ad exemplar
« reipublicæ, habere res communes, arcam commu-
« nem (1) ». Ce patrimoine était distinct du patrimoine du particulier des membres de la corporation. Les dettes et les créances du collège ne sont pas les dettes et les créances des associés, ce sont les dettes et les créances de l'*universitas*, personne qui subsiste indépendamment des individus qui la composent. Ceux-ci sont destinés à changer perpétuellement ; l'*universitas* demeure la même au milieu de ces changements, et la durée de son exis-

(1) Pr., D., III, L.

tence n'a pas de limites. Différentes solutions données par les jurisconsultes ne sont que des applications de ce principe (1).

Les biens d'un collège se composaient : 1° de cotisations versées par les membres dans l'*arca communis*; 2° de dons ou legs adressés au collèges; 3° de biens acquis par le collège à titre de succession dans certains cas; 4° de biens acquis à titre onéreux.

Souvent les dons ou legs adressés à des collèges étaient, comme nous l'avons vu, soumis à des conditions : par exemple, celle de célébrer chaque année l'anniversaire du bienfaiteur après sa mort. Souvent aussi le donateur ou le testateur affectait les biens dont il disposait à une destination particulière; ainsi il réglait que le revenu servirait à faire des distributions aux membres de la corporation (*sportulæ*), ou à assurer des aliments aux vieillards et aux enfants des membres de la corporation, etc.

Plusieurs corporations avaient reçu, probablement au jour de leur fondation, une dotation en immeubles qu'on appelait *fundi dotales*. C'est à cette catégorie de biens que Valentinien fait allusion quand il parle de biens : « Quæ in origem adscripta corpori (pistorum) dotis nomen et speciem etiamnunc retentunt (2) ». Il nous suffit de rappeler les développements dans lesquels nous sommes entré dans un autre chapitre.

(1) 6, 1, D., I, 8. — 10, 4, D., XX, 4. — 9, D., III, 4. — 15, D., XXXVI, 1. — 7, 2, D., III, 4. — 85, D., L., 16.

(2) 13, C. Th., XIV, 3. — Cf., l. 7, ibid.

CHAPITRE II.

LES COLLÉGES ENVISAGÉS RELATIVEMENT AUX DIVERS ACTES JURIDIQUES.

1. — *Généralités.* — Nous allons envisager maintenant la situation des colléges vis-à-vis des divers modes d'acquisition et de transmission des droits réels, des créances et de la procédure. Cet examen sera très-rapide, car nous n'entendons pas écrire ici un traité complet sur la situation juridique des personnes morales. Nous nous appliquerons surtout à ce qui touche spécialement aux colléges. Pour le reste, nous renvoyons aux dissertations qui ont mis en lumière la situation juridique des personnes morales.

Il est une idée qu'il ne faut jamais perdre de vue : c'est que la personnalité juridique ne s'est introduite que lentement dans les institutions romaines. La personne, au point de vue juridique des Romains, est nécessairement douée de volonté ; dans la rigueur du droit, il n'y a aucun moyen de suppléer au défaut de volonté chez une personne physique, chez un *infans*, par exemple. L'*infans* ne peut commencer à posséder, même avec l'*autoritas* de son tuteur ; car l'*infans* n'a pas d'*animus* personnel (1). Il fallut que l'utilité fît fléchir la logique pour que l'*infans*

(1) 32, D., XLI, 2.

pût acquérir la possession. Mêmes difficultés en ce qui concerne l'adition de l'hérédité dévolue à l'*infans*; mêmes difficultés aussi pour faire profiter l'*infans* des formes de la stipulation, lorsqu'il n'a point d'esclave pour le représenter.

Remarquons d'ailleurs que le représentant de l'*infans*, le tuteur, n'agit pas en qualité de mandataire; ce n'est point non plus un gérant d'affaires ordinaire; il agit en exécution d'un *munus* qui lui a été confié par l'État. La tutelle est une charge publique, qui tient à l'organisation de la société.

Nous retrouvons les mêmes principes en ce qui concerne les *universitates*. Elles ne peuvent agir par l'intermédiaire de mandataires, puisqu'elles ne peuvent, pas plus que l'*infans*, donner de mandat. Aussi le législateur a créé en leur faveur une charge, un *munus personale*, qui impose à celui qui en sera investi l'obligation de figurer dans les actes juridiques necessaires à la corporation.

La gestion de l'administrateur donne lieu à de fréquents recours de cet administrateur contre l'*universitas*; mais jamais les textes ne font allusion, dans cette hypothèse, à une action de mandat, Si nous examinons ce qui ce passait pour les cités (1), nous verrons que les relations entre les magistrats et les cités étaient régies par des règles particulières; au lieu des actions ordinaires, il y avait une simple reddition de comptes faite devant la curie, et soumise, en cas de contestation, au

(1) Houdoy, op. cit., p. 529.

président de la province qui statuait *extra ordinem*. Ainsi, on se débarraissait des entraves de la procédure ordinaire. Admettons, en effet, qu'il eût fallu créer un mandataire pour recevoir les comptes de l'*actor* dont les fonctions étaient terminées; comment la personne juridique eût-elle pu agir, au besoin, contre ce mandataire? Il eût fallu donner un nouveau mandat, et la même difficulté se serait reproduite à chaque reddition de comptes.

Cette dernière difficulté ne se présentait pas dans le cas de la tutelle, puisque le tuteur finissait toujours par se trouver en face d'une personne pleinement capable, soit l'ex-pupille, soit son héritier, à laquelle il pouvait rendre compte, qui pouvait diriger contre lui l'*action directa tutelæ*, et defendre à l'*actio contraria*. Mais l'incapacité de l'*universitas* étant perpétuelle, il fallait un mode spécial de reddition de comptes, sanctionné au besoin par l'intervention du magistrat agissant *extra ordinem*.

Il est une autre différence qui sépare l'*universitas* de l'*infans*. L'*infans* est seulement atteint d'incapacité de fait; il a en germe la capacité pleine dont il jouira au jour de la puberté. L'*universitas* n'est pas seulement incapable de fait, elle n'est pas destinée, comme l'*infans*, à réaliser un jour la personne physique, type du sujet de droits pour les Romains. Aussi ne l'a-t-on pas considérée nécessairement comme un sujet capable de tous les droits ; par exemple, on lui a refusé longtemps la capacité de recevoir des legs.

2. — *Modes d'acquisition entre-vifs.* — La possession se compose de deux éléments, l'*animus* et le *corpus*. Si la condition du *corpus* peut être remplie par le ministère d'autrui, l'*animus* est éminemment personnel. Il doit exister chez le possesseur. Or, la personne juridique n'ayant pas d'existence individuelle et ne se composant pas uniquement de tous les membres qui en font partie à un moment donné, il est clair que l'*animus* ne peut jamais exister chez elle. Donc, par une conséquence directe des principes romains, elle ne sera point admise à posséder. Les textes sont formels là-dessus (1).

Ainsi l'occupation, l'usucapion, la tradition, modes d'acquérir reposant sur la possession, sont interdits aux personnes juridiques. On voit combien nous avions raison de dire que l'organisation primitive du droit romain ne comportait pas l'existence des personnes morales.

Mais, lorsque, sous l'Empire, les personnes juridiques se multiplièrent, il devint urgent de modifier ce droit si contraire aux besoins sociaux. Paul, en effet, nous rapporte une controverse qui eut lieu entre Nerva fils et d'autres jurisconsultes. Nerva, jurisconsulte du premier siècle, soutenait que la cité acquérait la possession des choses que son esclave faisait entrer dans son pécule, et qu'elle pouvait usucaper ces choses (2). D'autres jurisconsultes, plus timides, n'admettaient pas cette solution, par la raison que l'*universitas* ne pouvait, à cause de sa nature, avoir la possession de l'esclave à qui appartenait

(1) 1, 22, D., XLI, 2.
(2) 1, 22, D., XLI, 2.

le pécule; par conséquent même en admettant que *l'universitas* empruntât l'*animus* de son esclave, l'élément corporel de la possession ne pouvait être réalisé d'une manière suffisante. Il y a un progrès dans les idées de Nerva; ce progrès, peu conforme à la logique du droit, mais répondant aux besoins de la pratique, s'était pleinement réalisé sous Alexandre Sévère, au temps d'Ulpien. Voici, en effet, ce que dit ce jurisconsulte : « Sed hoc jure utimur, ut et possidere et usucapere municipes possint; idque eis et per servum et per liberam personam adquiratur. »(1) *Per servum :* ainsi, Ulpien donne raison à Nerva; en vain, dit-on que la personne morale ne possède pas l'esclave, et qu'elle ne peut posséder par son intermédiaire, la réalité juridique est plus forte que ces subtilités.

Per liberam personam. C'est l'administrateur de l'*universitas*, *l'actor*, le syndic, le curateur, de quelque nom qu'on l'appelle. L'*animus* de ce curateur remplaçait l'*animus* que la personne morale ne pouvait avoir; de même que l'*animus* du tuteur remplace l'*animus* qui manque à l'*infans*.

Dès que la possession fut admise par les jurisconsultes, ils durent reconnaître aux *universitates* le droit d'acquérir par suite de l'occupation, de la tradition et de l'usucapion.

(1) 2, D., XLI, 2. La doctrine d'Ulpien est en désaccord avec celle de Paul, qui reste fidèle à l'ancienne tradition juridique. Cf., 1, 22, D., XLI, 2.

Mancipation. — Les *universitates* purent toujours faire figurer leurs esclaves dans une mancipation : « Quod « servi nostro mancipio accipiunt », dit Gaius, « id nobis « adquiritur (1) ». Donc, du moment où une *universitas* put être propriétaire d'un esclave, elle put acquérir par voie de mancipation.

L'in jure cessio, nous l'avons déjà dit, n'était pas applicable aux personnes juridiques, parce qu'étant rangée au nombre des *legis actiones*, elle réclamait la présence *in jure* des parties intéressées.

L'*adjudicatio* et l'*accessio* s'appliquent aux personnes juridiques comme aux personnes physiques ; elles sont d'ailleurs la conséquence d'un droit préexistant.

3. *Modes d'acquisition après décès.* — *1o Institution d'héritier.* — Les municipes ne peuvent être institués héritiers, nous dit Ulpien (2). Il en donne un double motif : 1o les cités, et nous pouvons dire les *universitates*, ne sont pas des *corpora certa* ; 2o l'*universitas* ne peut ni faire *cretio*, ni accomplir un acte de gestion *pro herede ;* elle ne peut donc acquérir la qualité d'héritier. Examinons successivement ces motifs.

1o L'*universitas* est un *incertum corpus.* Cette raison ne nous paraît pas décisive. Qu'est-ce, en effet, qu'une *incerta persona* au point de vue de l'institution d'héritier? Ulpien s'en est préoccupé au paragraphe qui précède le

(1) G., II, 87. — Cf., Pline, Epist., VII, 18. — Tacite, Ann., II, 30.
(2) Ulp., Reg., XXII, 5.

texte que nous commentons. Une personne incertaine, dit-il, ne peut être instituée par testament : ainsi je ne puis instituer la première personne qui viendra à mes funérailles, parce que l'intention du testateur doit être bien déterminée, parce que, suivant ce que dit ailleurs Gaius, le testateur doit se faire une *idée arrêtée* de la personne à laquelle il s'adresse (1). Ceci posé, je suppose qu'un testateur formule une institution dans ces termes : « Que le collége des *fabri* de telle cité soit mon héritier. » Peut-on dire que la personne instituée est incertaine, qu'elle n'était pas clairement déterminée dans l'esprit du testateur ? Non ; sans doute le testateur n'a pas présents à l'esprit tous ceux qui font ou feront partie de la corporation, mais la corporation n'est pas la collection des *fabri* qui en sont ou en seront membres ; elle a une existence indépendante, elle est une personne distincte, et c'est cette personne que le testateur a eue clairement en vue. Donc la première raison donnée par Ulpien ne nous paraît guère justifiée. Elle ne s'explique que dans une législation qui ne dégagerait pas nettement la personnalité la corporation de la personnalité de ses membres.

2o L'*universitas* ne peut ni faire *cretio,* ni faire acte d'héritier.

La *cretio* est un acte légitime, qui comprend la prononciation, dans un certain délai, d'une formule solennelle. Cette formule doit être prononcée par l'institué ; il ne peut pas se faire représenter. Or la personne morale ne pouvant

(1) Gaius, II, 328.

agir que par l'intermédiaire d'un représentant, on comprend qu'elle ne puisse pas faire *cretio*.

L'*universitas* ne peut faire acte d'héritier. Elle peut bien, à vrai dire, faire un acte de disposition concernant un de ses biens ; encore cela ne s'explique-t-il qu'en considérant cette aliénation comme un acte *nécessaire* à la bonne gestion du patrimoine. Mais, pour produire l'adition d'hérédité, il faut que cet acte de disposition ait lieu en vertu de la volonté formelle existant chez l'institué d'agir en qualité d'héritier. Or cette volonté ne peut exister chez l'*universitas*, elle est dépourvue d'*animus*; le consentement unanime de tous les membres actuels n'est pas l'*animus* de l'*universitas*. Donc la personne juridique est, d'après une rigoureuse logique, placée dans l'impossibilité d'acquérir une hérédité.

En cette matière de l'adition d'hérédité, comme en bien d'autres, le droit romain ne se prêtait pas à l'action des personnes morales. Mais les jurisconsultes classiques introduisirent des dérogations aux anciens principes.

A. *Fideicommis d'hérédité.* — Un sénatus-consulte Apronien, rendu probablement sous Trajan (1), établit l'obligation où se trouve l'héritier de restituer aux cités le fidéicommis d'hérédité dont il est grevé en leur faveur. Les actions seront données utilement pour la cité et contre elle, conformément au sénatus-consulte Trébellien

(1) Houdoy, p. 135.

La disposition du sénatus-consulte Apronien paraît spéciale aux municipes (1).

B. Les *civitates* peuvent être instituées par leurs affranchis. C'était une conséquence du droit qui leur attribuait la succession légitime de ces affranchis. Un sénatus-consulte mentionné par Ulpien introduisit cette innovation (2). Il est vraisemblable que ce droit, conséquence du droit d'affranchir, fut étendu aux colléges.

C. Enfin, des colléges pouvaient, en vertu d'un privilége spécial, jouir de la *factio testamenti* passive. Nous lisons en effet, dans un rescrit de Dioclétien et Maximien : « Collegium, si nullo speciali privilegio subnixum sit, « hereditatem capere non posse manifestum est » (3).

Une constitution de Léon, en 469, accorda d'une manière générale aux cités la « factio testamenti passiva (4). » Ce privilége fut-il étendu aux colléges sous Justinien ? Cela est vraisemblable ; rien cependant ne le prouve d'une manière certaine.

Remarquons que plusieurs monuments épigraphiques expriment la reconnaissance des colléges auxquels de généreux bienfaiteurs avaient laissé leur fortune.

2o *Succession* ab intestat. — La dévolution de la succession *ab intestat* est fondée par la constitution de la fa-

(1) 26 et 27, Pr., D., XXXVI, 1.— Ulp., Reg., XXXII, 5.
(2) Ulp., Reg., XXII, 5. — L., 1, D., XXXVIII, 3.
(3) 8, C. J., VI, 24.
(4) 12, C. J., ibid.

mille romaine. Le collége, ne pouvant être investi d'aucun droit de famille, n'eut lieu de prétendre à aucun droit de succession *ab intestat*. Cependant on trouve deux exceptions à ce principe :

A. Nous avons vu que, de tout temps, les colléges ont eu des esclaves. Marc-Aurèle donna aux colléges le droit d'affranchir (1), que Trajan avait antérieurement concédé aux villes d'Italie. Car, nous l'avons déjà dit, on voit toujours la condition des colléges suivre celle des cités. Dès lors les colléges purent avoir des affranchis jouissant de la cité romaine. Les colléges entrèrent en possession, vis-à-vis de leurs affranchis, de tous les droits du patron (2). Comme conséquence de cette innovation, on leur reconnut le droit de succéder à leurs affranchis (3).

B. Le droit du Bas-Empire présente un deuxième cas, auquel nous avons déjà fait allusion. La corporation est préférée à l'Etat pour l'exercice du droit de déshérence sur les biens d'un de ses membres. Constance accorde ce privilége aux *navicularii* (4). « Si un membre de la corporation des *navicularii*, dit-il, meurt sans avoir fait de testament et sans laisser d'enfant ni d'autre héritier, nous voulons que sa succession soit déférée, non pas au fisc, mais à la corporation à laquelle un sort funeste

(1) 1, D., X, 3 — 3, C. J., VII, 9.
(2) Cf., 1, pr., D., XXXVIII, 3.
(3) 3, 6, D., XXVVIII, 16. — 2, D. XL, 3.
(4) 1, C. J., VI, 62.

l'a ravi. » Il en est de même dans la corporation des *fabricenses* (1). D'ailleurs, nous retrouverons le même privilége dans la constitution de la curie.

La *bonorum possessio* pouvait-elle être admise en faveur d'un collége ? Des doutes avaient été élevés sur ce point (2). Ulpien y fait allusion, mais pour les trancher. La raison du doute, c'est que la demande de la *bonorum possessio* exige une manifestation de volonté de l'*universitas* : « Movet enim quod consentire non possunt ». La raison pour laquelle Ulpien, fidèle à ses principes, se prononce pour l'affirmative, c'est que la *bonorum possessio* peut être demandée par un représentant ; c'est, en outre, que l'*universitas* pouvant acquérir l'hérédité soit en succédant à son affranchi, soit par suite d'un fidéicommis, il serait étrange qu'elle ne pût arriver à la succession prétorienne (3).

Le même Ulpien nous dit ailleurs que la *bonorum possessio* peut être obtenue par les *municipes*, par les *societates*, par les décuries, par les corporations (4). Ils l'obtiendront sur la demande de leur représentant, *actor*, ou de quelque autre, et même, si personne ne la demande au nom du municipe, le municipe l'obtiendrait en vertu de l'édit du préteur.

(1) 5, C. J., VI, 62.— 4, C.J., VI, 62.—Cf. sur ce point, 1, C. Th., V, 2. — 1, C. Th., V, 4. — 1, C. Th., V, 3. — Nov. Theod., II, tit. VI, § 3.— 1, C. Just., X, 10. — C. Just., VI, 62 et X, 34.

(2) 1, 1, D., XXXVIII, 3.

(3) 11, D., XXVI, 8.— 7, 1, D., XXXVII, 1.

(4) 3, 4, D., XXXVII, 1.

Nous croyons que la succession prétorienne n'est ouverte que dans les cas correspondants à ceux où s'ouvre la succession de droit civil. Sans quoi, que signifieraient les textes contemporains et ultérieurs qui refusent aux *universitates* la qualité d'héritier? Dans cette hypothèse, la constitution de l'empereur Léon n'eût eu aucun intérêt pratique. Ainsi le collége pourra obtenir, s'il succède en vertu d'un testament de son affranchi, la « bonorum pos« sessio secundum tabulas »; si l'affranchi est décédé sans testament, la « bonorum possessio unde legitimi ; » dans d'autres cas, la « bonorum possessio contra tabulas dimi« diæ partis. »

3o *Legs*. — Les textes nous affirment que les *universitates*, en principe, n'avaient pas le droit de recevoir des legs. Ce droit fut accordé aux cités par Nerva, et la disposition de Nerva fut complétée par un sénatus-consulte du temps d'Adrien. Un autre sénatus-consulte, du règne de Marc-Aurèle, autorisa les colléges à recevoir des legs. « Cum senatus divi Marci, temporibus permiserit colle« giis legare », dit Ulpien (1).

Ainsi donc, incapacité jusqu'à Marc-Aurèle, capacité depuis lors. Ici, comme toujours, le droit des cités est reconnu d'abord; les autres *universitates* viennent ensuite.

Cependant, par la force des choses, les colléges ne purent recevoir de legs *per præceptionem*; car cette forme de legs ne s'adresse qu'à un héritier institué, et

(1) 20, D., XXXIV, 5.

les colléges ne pouvaient en principe être institués héritiers. De là le mot de Pline, qui a embarrassé inutilement Dirksen : « Nec hæredem institui nec præcipere posse « Rempublicam constat » (1).

Nous n'avons pas besoin de rappeler combien fréquents furent, dans la société romaine, les dons et legs adressés aux corporations. Les inscriptions en offrent d'innombrables témoignages.

Fidéicommis à titre particulier (2). — On sait que ces fidéiscommis furent introduits dans le but d'éluder la rigueur des lois concernant le *jus capiendi*. Il est donc probable que les colléges purent profiter des fidéicommis alors qu'ils étaient encore incapables de recevoir les legs. Plus tard, les fidéicommis à titre particulier au profit des colléges furent maintenus sans aucun doute, puisqu'on admit les colléges à recevoir même des hérédités fidéicommissaires.

4. — Il ne paraît pas qu'il soit intervenu, à Rome, un acte législatif proclamant l'inaliénabilité des biens des *universitates*. Sans doute, les personnes juridiques étaient, à l'origine, incapables de figurer dans les actes qui eussent pu faire passer le droit de propriété de leur tête sur la tête d'une autre personne. Mais cette incapacité disparut avec le temps, comme nous l'avons vu. Un texte d'Ulpien fait allusion à l'administrateur d'une cité qui a figuré dans un acte de vente.

(1) Pline, Epist., V, 7.
(2) 3, 2, D., L., 8.

Plus tard, une restriction fut mise à la faculté d'aliéner en ce qui concerne les cités (1). Cette restriction fut-elle étendue aux biens des colléges? Nous n'en avons aucune preuve, mais nous pouvons le supposer avec vraisemblance, au moins quant aux colléges investis d'un service public important. En effet, l'innovation de Léon eut pour but d'assurer l'intérêt public en accordant une plus grande protection aux cités.

5. *Droits réels autres que la propriété.* — Les immeubles des *universitates* peuvent, comme tous les autres immeubles, jouir de servitudes et en être grevés. Toutefois les servitudes prédiales seules, dans l'ancien droit, entraient dans le patrimoine des colléges, parce qu'elles pouvaient seules être acquises par la mancipation faite au *servus universitatis* (2). L'introduction de la quasi-possession et la reconnaissance du droit de recueillir des legs facilitèrent la constitution de servitudes au profit des immeubles des corporations.

La durée de l'usufruit qui appartient à l'*universitas* fut fixée à cent ans, nous dit Gaius, *quia is finis vitæ longævi hominis est* (3). Remarquons cependant que lorsqu'on estime l'usufruit, pour l'application de la loi Falcidie, l'estima-

(1) 3, C., XI, 31. Léon exigea l'intervention du gouverneur de la province et l'avis d'une assemblée de decurions, d'*honorati* et de *possessores*.

(2) Dans l'ancien droit, l'usufruit ne pouvait être acquis aux personnes morales que par la *deductio* dans une mancipation.

(3) 56, D., VII, 1. — 8, D., XXXIII, 2.

tion est faite sur une durée de trente ans (1).

Le droit d'usage, qui est attaché à la personne, ne paraît pas compatible avec la nature des *universitates*. Cependant, comme il devint, dans certains cas, une sorte d'usufruit conférant des droits plus restreints que l'usufruit ordinaire, il est vraisemblable qu'il put entrer dans le patrimoine des personnes morales.

6. *Administration du patrimoine.* — Les biens des colléges étaient probablement, comme ceux des villes, donnés en emphythéose, *agri vectigales*. C'était le meilleur mode d'exploitation, car il procurait au collége des revenus assurés, et le peu d'importance du *vectigal* permettait de trouver toujours des preneurs (2).

Nous n'avons pas à entrer dans l'histoire du contrat d'emphythéose. Nous nous bornerons à faire remarquer que le gouvernement central intervenait dans l'administration des biens des colléges. Ainsi, Honorius s'occupe de la manière dont les biens des *pistores* doivent être donnés en emphythéose (3). « Les boulangers de la Ville Eternelle, dit-il, oublieux de leurs antiques coutumes, ont vu se réduire à rien des fonds qui procuraient des ressources assurées (*solatia certa*) à leur corporation; nous avons reconnu qu'ils cherchaient de nouvelles sources de bénéfices. Aussi, voulant remédier à cette situation,

(1) 68, D., XXXV, 2.
(2) Pline, Epist., VII, 18.
(3) 19, C. Th., XIV, 3.

nous avons fait apprécier par un homme compétent la valeur de ces biens, afin qu'ils soient donnés en *vectigal* (*jure perpetuo*), à des preneurs solvables, à charge de payer la prestation déterminée; les preneurs devront payer le taux de cette prestation et les *solatia* que les boulangers touchent depuis longtemps. »

L'administrateur, en général le *curator*, doit employer, sous sa responsabilité, les capitaux qu'il reçoit. Il est redevable des intérêts des sommes non employées et peut placer les capitaux comme il veut, en servant au collége les intérêts d'usage (1).

7. *Des obligations.— 1° Créances.* — Le collége peut, comme toute personne, acquérir des créances par l'intermédiaire de ses esclaves (2).

Les actes de l'administrateur ne font acquérir au collége que des actions utiles (3). On peut rapprocher cette solution de celle qui permet d'acquérir des créances par procureur; en ce cas le mandant est investi de l'action utile (4).

Remarquons que cette faculté d'acquérir une action utile par le ministère d'autrui a été étendue à des actes qui, d'habitude, n'admettent pas l'intervention d'une *ex-*

(1) 9, 10, D., L., 8. — 11, D., XXII, 2.
(2) 3, D., XLV, 3. — 11, 1, D., XXII, 1.
(3) 5, 13, D., XIII, 5. — 10, D., III, 4.
(4) 13, 25, D., XIX, 1. La cité pouvait acquérir des créances en vertu de protestations; rien ne prouve que ce droit ait été étendu aux colléges.

tranea persona. Ainsi un collége a-t-il à recevoir une *cautio damni infecti* ou une *cautio legatorum*, il doit, s'il le peut, faire intervenir à la stipulation un de ses esclaves. Mais, si cela est impossible, l'*actor* stipule. et l'action née de cette stipulation est donnée utilement au collége (1). Telle est l'opinion de Paul; remarquons une solution analogue, donnée par Ulpien, en matière de tutelle (2).

Les jurisconsultes avaient reconnu à la cité un privilége garantissant ses créances (3). Rien ne nous prouve que cet avantage ait été étendu aux colléges.

2° *Dettes.* — A. L'*universitas* est obligée par l'intermédiaire de ses esclaves, dans les cas où l'on pourrait intenter à raison des actes des esclaves les actions « de pe« culio, institoria, exercitoria, quod jussu, de in rem «verso.» Toutefois, l'*universitas*, qui n'a pas de volonté, ne peut préposer un esclave à une affaire ni à un commerce; le préposant, c'est l'administrateur de la personne juridique; c'est donc contre lui que devraient être données logiquement les actions directes *quod jussu, exercitoria* et *institoria*. Ces actions seront cependant données utilement contre l'*universitas* (4), par suite d'une dérogation à la rigueur des principes.

(1) 10, D., III, 4.—Cf. 15, 27, D., XXXIX, 2.
(2) 9, pr., D., XXVI, 7.
(3) Pline, Epist., X, 110 et III. — 10, D., L. I. — 37 et 38, D., XLII, 5.
(4) 2 et 4, D., XV, 4.

L'*universitas* ne peut commettre un dol (1); ainsi, l'action *tributoria* ne sera point intentée contre elle; l'*universitas* ne pourra être tenue que jusqu'à concurrence du profit qu'elle aura retiré. L'action tributoire ne peut donc être dirigée que contre les administrateurs.

L'*universitas* peut être obligée par l'effet de contrats consensuels consentis par le *curator* (2). Il est aussi très-probable que, lorsque le représentant de la personne morale s'engageait par stipulation pour les affaires de l'*universitas*, l'action était donnée utilement contre l'*universitas*.

Les textes qui concernent les contrats réels ont donné lieu à de grandes difficultés d'interprétation. Le siége de ces contraverses est la loi 27, D. XII, 1. Ulpien s'y exprime ainsi : « Civitas mutui datione obligari potest, si ad utilitatem ejus pecuniæ versæ sunt : « alioquin ipsi soli, qui contraxerunt, non civitas, tenebuntur. »

Le sens de ce texte me paraît clair. L'administrateur a emprunté des deniers pour la cité; la cité n'est tenue, que si les deniers empruntés ont été employés d'une manière utile à la ville. Sinon, les administrateurs seuls seront tenus. Le texte est général; il ne distingue pas, comme l'ont fait des jurisconsultes modernes, selon que le prêt est contracté par les administrateurs en vertu de leur mandat général ou en vertu d'un mandat spécial. La doctrine d'Ulpien est d'ailleurs confirmée par un texte de

(1) 3, 1, D., XIV, 4.
(2) 3, 2, D., L., 8.

Marcien : « Si is qui bona reipublicæ jure administrat, « mutuam pecuniam pro ea accipiat, *potest* rem ejus « obligare (1). » Le jurisconsulte ne dit pas : *rem ejus obligat*, mais : *potest obligare*. L'obligation qui pèse sur la cité ne résulte pas du contrat, mais de l'emploi qui sera fait des deniers prêtés.

Cette solution est d'autant plus juridique que le *curator* est bien plutôt dans la position d'un gérant d'affaires que dans celle d'un mandataire. On ne conçoit pas, en effet, qu'une personne morale puisse donner un mandat, puisque le mandat est un contrat consensuel, et que l'*universitas* ne peut avoir de volonté.

En principe, les administrateurs ne sont pas tenus, après l'expiration de leur charge (2). Toutefois ils seraient tenus dans le cas où ils auraient emprunté pour le compte de la ville, s'ils ne pouvaient prouver qu'ils ont fait des sommes empruntées un emploi utile à l'*universitas*. (3)

L'*universitas* ne peut s'obliger par des délits, car elle ne peut avoir d'intention dolosive. *Quid enim municipes*

(1) 11, pr. D., 20, 1.

(2) Nous retrouvons des décisions analogues en ce qui concerne le *tutor* et le *curator furiosi*. Lorsqu'ils empruntent au nom de l'incapable, celui-ci n'est obligé envers le prêteur que dans la mesure de l'utilité qu'il a retirée du prêt. L'impubère et le *furiosus* ne peuvent contracter, pas plus que la personne morale, puisqu'ils sont incapables de donner un *consensus*; leur obligation ne saurait naître du contrat, mais de l'emploi qui est fait à leur profit des sommes prêtées (2, C. V. 39, 2, C. V, 70).

(3) 3, 2, D., L., 8.

dolo facere possunt?.. Les personnes morales ne peuvent donc être tenues des faits dolosifs commis par leurs représentants que dans la mesure du profit qu'elles en ont retiré : *si quid ad eos pervenit* (1). L'action peut au contraire être donnée contre les administrateurs auteur du délit (2).

8. *Actions.* — Le système des actions de la loi ne comportait pas la représentation en justice, si ce n'est *pro populo, pro tutela, pro libertate*, et dans le cas particulier de l'*actio furti*. Ainsi, les collèges, sous ce régime n'eussent pu figurer dans les procès, s'ils eussent joui de la personnalité civile. On voit combien la qualité de personne civile eût eu peu d'importance sous un pareil régime.

Le système formulaire autorisa d'abord la représentation par un *cognitor*. Mais cette faculté ne pouvait profiter aux *universitates*, la *cognitoris datio* étant un de ces actes légitimes qui supposent l'intervention des parties elles-mêmes. Plus tard, il fut permis de se faire représenter en justice par un *procurator*, qui recevait mandat en termes non solennels. C'était une atteinte grave aux anciens principes. Bientôt on autorisa le *procurator*

(1) 15, 1, D. IV, 3 et 4, D. XLIII, 16. La loi 9, 3, D. IV, 2. paraît donner une solution contraire en ce qui concerne l'action *quod metus causa*. Mais cette contradiction apparente s'explique, si l'on se rappelle le caractère spécial de cette action, qui, à la différence de l'action de dol, est donnée contre tous ceux qui ont profité de la violence, personnes physiques ou personnes juridiques.

(2) 27, D., XII, 1.

à intervenir librement pour un absent, en qualité de *negotiorum gestor*. De là à la représentation en justice des *universitates*, il n'y avait qu'un pas.

Aussi on finit par admettre la représentation des personnes civiles, par l'intermédiaire d'un *actor* ou d'un *syndicus*. La charge d'*actor* ou de *syndicus* était un *munus personale;* dans la cité, cette charge était déférée par l'*ordo decurionum* (1), les deux tiers des décurions au moins devaient être présents lors de la désignation de l'*actor*. Des règles analogues devaient être suivies dans les colléges.

Nous devons faire observer que l'acte qui intervient entre les membres du collége et celui d'entre eux qu'ils désignent comme *actor* n'est en aucune façon un contrat de mandat; en effet, l'assemblée des membres du collége n'est pas le collége. L'*actor* ou le *syndicus* remplissait un *munus*, comme le tuteur, qui ne peut non plus être considéré comme un mandataire du pupille; ce sont là des fonctions qui sont conférées pour satisfaire à la défense d'intérêts que la société a le devoir de protéger.

L'*actor* ou le *syndicus* fut d'abord nommé pour chaque affaire. A l'époque classique, sous l'influence des coutumes locales, l'*actor*, ou le *syndicus*, ou le *defensor*, était un fonctionnaire permanent (2).

Supposons qu'un collége ait la position de demandeur. L'*actor* de ce collége n'est pas, à vrai dire, un

(1) 3 et 4, D., III, 4.
(2) 6, 1, D., IV, 3.

procureur, mais il est assimilé au procureur, *procuratoris partibus fungitur* (1); il est même placé sur le même rang que le *procurator prœsentis*. Par suite, l'*actor* devient irrévocable par l'effet de la *litis contestatio* (2). De même que le *procurator prœsentis*, il n'est pas obligé de fournir la *cautio de rato* (3), pourvu toutefois qu'on ne puisse douter de la validité du décret qui l'a désigné. En outre, l'*actor* ne peut intenter, en son nom personnel, l'*actio judicati*, à moins qu'il n'ait été donné *in rem suam*; dans tous les autres cas, l'*actio judicati* est donnée à l'*universitas*.

Plaçons-nous maintenant dans l'hypothèse où un collége est défendeur. Le *defensor* (ou *syndicus*, ou *actor*, ces noms paraissent avoir été employés indifféremment), était chargé de le représenter en justice. Au cas où un *defensor* n'avait pas été désigné, ou bien encore si ce fonctionnaire négligeait de remplir ses fonctions, toute personne étrangère pouvait, avec la permission du préteur, défendre l'*universitas* (4), dont elle rendait ainsi la condition meilleure. La *litis contestatio*, qui s'opère entre le demandeur et ce défenseur étranger, libère l'*universitas*, en vertu du principe : « solutione vel judicium « pro nobis accipiendo et inviti et ignorantes liberari pos- « sumus » (5).

(1) 6, 3, D., III, 4.
(2) 16 et 17, D., III, 3.
(3) 6, 3, D., III, 4.
(4) 1, 3, D., III, 4.
(5) 24, D., XLVI, 3. — 11, 7, D., XLIV, 2.

Le *defensor* n'était pas dispensé de fournir la *cautio judicatum solvi*. Si la *cautio de rato* n'était pas exigée de l'*actor* demandeur, c'est qu'elle eût été complètement inutile, puisque l'*actor* déduisait en jugement l'affaire introduite par lui, comme s'il eût été lui-même *dominus*. La *cautio judicatum solvi* gardait son utilité dans le cas où il s'agissait d'un *defensor* : aussi les Romains ne dérogèrent pas à la règle : « Nemo defensor idoneus sine « satisdatione. »

L'*actio judicati* n'était point donnée contre le *defensor*, non plus que contre le *procurator præsentis*.

Au cas où il ne se présentait personne pour défendre l'*universitas*, le demandeur était envoyé en possession des biens du collége (1). Si la *contumacia* se prolongeait, le magistrat pouvait ordonner la vente de ces biens.

(1) 1, 2, D., III, 4.

APPENDICE

LES COLLÉGES DE FONCTIONNAIRES

Nous croyons ne pas nous écarter de notre sujet en consacrant un chapitre aux colléges de fonctionnaires inférieurs, qui existèrent à Rome dès une haute antiquité, et qui ont subsisté, comme les colléges d'ouvriers, au temps où la législation romaine s'est montrée le moins favorable aux corporations.

Nous les étudierons à l'époque de la République et sous le régime impérial.

SECTION Ire. — LES COLLÉGES DE FONCTIONNAIRES SOUS LA RÉPUBLIQUE.

I. — Auprès de chacun des magistrats romains se trouvaient plusieurs fonctionnaires inférieurs, qui, sous différents noms et avec des emplois très-divers, formaient l'*apparitio* (1) du magistrat. Presque tous les magistrats de Rome avaient une *apparitio*. Les consuls, les préteurs, les censeurs, les édiles curules, les questeurs, les tribuns, les *tresviri capitales* et les *quatuorviri viarum curandarum* étaient entourés de fonctionnaires de cette catégorie. Au contraire de ce qui se passait en Grèce, ces

(1) Mommsen, Staatsrecht, 2. édit., I, p. 320 et s. et Rheinisches Museum, neue Folge, VI, p. 18. — Naudet, Académie des Inscriptions, t. XXVI. — Labbé, Revue de Législation. Année 1875, p. 47 et s.

agents étaient rémunérés par le Trésor public; Cornélius Népos put dire des scribes de Rome : « Apud nos, re « vera sicut sunt, mercenarii existimantur » (1). Aussi ne fut-ce qu'après hésitation, qu'on admit un ancien scribe au nombre des édiles (2).

Les appariteurs formaient des associations qui, dans les textes et dans les inscriptions, portent le nom de *décuries* (3), sans doute à raison du nombre de membres qu'elles comprenaient à l'origine, nombre qui fut bientôt dépassé. Ainsi la première décurie de licteurs (*decuria consularis*) comptait vingt-quatre membres.

Les appariteurs devaient être citoyens romains (4). A Rome, ils se recrutaient surtout parmi les affranchis, et correspondaient aussi aux corporations d'*augustales* des municipes où les affranchis étaient nombreux.

Le choix des appariteurs appartenait au magistrat auquel ces appariteurs devaient prêter leurs services (5). Toutefois, en ce qui concerne les magistrats de Rome, ils paraissent plutôt choisir les appariteurs de leurs successeurs que les leurs (6).

L'*apparitio* était annale à l'origine; c'est là une con-

(1) In Eum., I.

(2) Liv. IX, 46.

(3) 3, 4, D., XXXVII, 1.— 22, D., XLVI, 1.— 25, 1, D., XXIX, 2. — C. Th., XIV, 1. — Tac., Ann., XIII, 27.— Orelli, 4924 et suiv.

(4) Loi de Sylla de quæstoribus (Giraud, Juris civilis Enchiridion) Cf., loi de la Colonia genetiva, ibid. — Mommsen, Staatsrecht, t. I, p. 318, 2e édit.

(5) Liv. XL, 29. Cic., pro Cluentio, XLV.

(6) Lex Syllæ, de quæstoribus.

séquence du principe de l'annalité des magistratures. Plus tard cette fonction devint viagère.

Il paraît hors de doute que, dans les derniers temps de la République, les appariteurs acquéraient leurs charges de leurs prédécesseurs, sous réserve du droit de confirmation qui appartenait aux magistrats. Nous avons sur ce point des témoignages de l'époque classique et de l'époque Impériale. *Quum decuriam emerunt* (1), dit Cicéron. Les fragments du Vatican présentent la même idée dans une constitution de l'empereur Philippe (248 p. Chr.) : « Tribus et decuria quæ ipsius (Agilii liberti) nomine comparatæ sunt (2). » Les appariteurs des questeurs pouvaient, avec l'agréement de ces magistrats, se choisir des *vicarii*.

Nous constatons ainsi l'existence d'une organisation analogue à celle que la loi de 1816 a donnée, de nos jours, aux offices ministériels. Toutefois les magistrats gardèrent sur le recrutement des décuries une influence qui tourna au profit du pouvoir impérial. Les empereurs durent souvent introduire leurs protégés dans les décuries (3).

Chacune des associations de fonctionnaires était dirigée par un ordre semblable à l'*ordo decurionum*. Ce sont les *sex primi* pour les *scribæ quæstorii*; les *decem primi*, pour les *lictores consulares* et pour les *præcones* des édiles curules (1). Nous trouvons la trace de l'« ordo decuriæ

(1) In Verr., III, 79.
(2) Fragm. Vat., 273.
(3) Suet., in Tib., II.

Juliæ præconum consularium,» et des « ordines decuriarum scribarum librariorum lictoriæ consularis.» On rencontre aussi des *curatores* et des *magistri* dans ces corporations.

Les décuries étaient admises à la possession ; elles jouissaient des droits civils (2). Elles avaient des esclaves comme nous le marque un texte du Digeste et plusieurs inscriptions ; « Turannus verna tabularius apparitorum » dit l'une d'elles (3).

2. Énumérons rapidement les diverses décuries de fonctionnaires attachés aux différentes magistratures.

1° *Magistrats supérieurs.* — Nous nous occuperons d'abord des magistrats supérieurs, c'est-à-dire des empereurs, des consuls, des préteurs et des censeurs et des ÉDILES CURULES.

A ces magistrats sont attachés des licteurs, des viateurs, des *præcones.* Ils n'ont pas de scribes, car, comme nous le verrons, les scribes s'occupent des comptes, ils dressent les *tabulæ* (4), les *libri;* de là leur nom de *scribæ librarii.* Or les magistrats supérieurs ne sont pas chargés de comptabilité.

Il y avait trois décuries de licteurs : la première, nommée *decuria consularis*, était attachée aux consuls et plus tard aux empereurs. Elle comprenait vingt-quatre licteurs,

(1) Mommsen, Staatsrecht, 2e édit., I, p. 320 et suiv.—Orelli, 4921.

(2) 25, 1, D., XXXIX, 2.

(3) Orelli, 2975.— Cf., l'inscription de Copenhague, citée par Mommsen, loc. cit.

(4) Les édiles curules eurent des scribes.

douze pour chaque consul. Le chef des licteurs s'appelait le *lictor proximus* (1), parce qu'il marchait près du consul.

Les deux autres décuries, comprenant chacune vingt-quatre licteurs, étaient affectées au service des préteurs. Ajoutons que le flamine de Jupiter et les Vestales étaient accompagnés par des licteurs.

En dehors des décuriès dont nous avons parlé, il faut citer encore les *lictores curiati*, qui, dans les actes légitimes, représentaient les trente curies.

Les *præcones*, probablement aussi les *viatores* qui étaient attachés aux magistrats supérieurs, étaient divisés en trois décuries, dont l'une portait le titre de *decuria consularis* (2).

2° *Magistrats inférieurs.* — Les questeurs urbains ont des scribes, des *viatores*, et des *quæstores*. Ce sont les *apparitores questorii*, ou *ab ærario* (3). Les scribes forment trois décuries, gouvernées par un *ordo*, le collége des *sex primi*, dont il est peut-être question au § 124 des Fr. Vatic. Les *viatores* et les *præcones* ont la même organisation et reconnaissent pour chef des *decem primi*. On trouve quelquefois des *magistri* dans ces corporations. (4).

Les tribuns du peuple, les édiles curules, les édiles

(1) Liv. xxiv, 44.

(2) Orelli, 4076.

3) Les scribes de « l'ærarium » accompagnent les questeurs adj[illegible]nts aux gouvernements des provinces.

(4) Orelli, 2253.

de la plèbe ont aussi un *apparitio*. Il en est de même des magistrats municipaux. Même les *vicomagistri* avaient des licteurs (1).

3.— Quelles étaient les attributions de ces divers ordres de fonctionnaires? *Scribæ dicuntur*, écrit Festus, *qui rationes publicas scribunt in tabulis* (2). Les scribes sont donc les comptables de l'État. En même temps, ils conservent le texte des lois pour le service du magistrat auquel ils sont attachés. Cicéron dit que les magistrats romains de son temps, ne pouvant recourir à aucun dépôt officiel de lois, devaient s'en raporter à leurs scribes (3). Les scribes tenaient des réunions religieuses sur l'Aventin, au temple de Minerve (4). Ils recevaient de l'État un salaire qu'ils venaient toucher à l'*œrarium* (5). Ces corporations intervenaient dans les affaires publiques. Cicéron rapporte que la corporation des scribes rendit un décret en sa faveur, alors qu'il était menacé par la haine de Clodius (6). Les scribes occupaient le degré le plus élevé dans l'*apparitio* du magistrat romain ; et cependant, en 449 de la fondation de Rome, on hésita à admettre parmi les édiles un ancien scribe, *quia scriptum faciebat* (7). Fla-

(1) Liv. IX, 46.
(2) Festus, V. Scriba.
(3) Cic., de leg., III, 20.
(4) Festus, V. Scriba.
(5) In Catilinam, IV, 5.
(6) Pro Domo, XXVIII.
(7) Liv., IX, 46.

via Domitilla, femme de Vespasien et mère de Titus, était fille de Flavius Liberalis, scribe des questeurs, qui devint ainsi la souche des Flaviens (1).

Les *lictores* accompagnaient les magistrats, portant les insignes du pouvoir, le faisceau de baguettes au milieu duquel se trouve la hache. Ils avaient des fonctions imposantes en matière criminelle; ils s'assuraient de la personne des accusés et exécutaient les sentences.

Les *viatores* étaient chargés de porter les messages émanés des magistrats, par exemple, les convocations, les citations, etc.

Les *præcones* proclamaient à haute voix les ordres des magistrats; ils font les fonctions de crieurs dans les ventes publiques.

A côté des appariteurs qui formaient les décuries, les textes nous présentent souvent une catégorie d'individus qui accompagnaient habituellement les magistrats; ce sont les *accensi*. Leur condition diffère de celle des appariteurs, en ce point capital: ils n'étaient point chargés d'un service public, leurs fonctions avaient un caractère privé. C'étaient, en général, des affranchis du magistrat, attachés personnellement à leur patron, qui les prenait à son service et les renvoyait selon son bon plaisir (2).

4. — Nous avons étudié jusqu'ici les décuries de

(1) Suet., in Vesp., III.
(2) Mommsen, de apparit., p. 2 à

scribes établies à Rome. Il convient de nous demander comment était composée l'*apparitio* des magistrats qui, sous la République et au commencement de l'Empire, étaient chargés du gouvernement des provinces.

Il y avait, des *præcones* et des *scribæ* auprès des gouverneurs et des questeurs des provinces. Cicéron montre ces agents s'employant activement à l'accomplissement des crimes ordonnés par Verrès (1). Ils faisaient partie de la cohorte du préteur, où ils occupaient sans doute un rang intermédiaire entre les *comites* et les esclaves qui formaient la *manus armata*.

D'après M. Mommsen (2), il faudrait établir une distinction profonde entre les fonctionnaires de Rome et ceux qui accompagnaient les magistrats des provinces. Ceux-ci n'auraient pas joui d'une position stable; dépendant uniquement du choix des magistrats, ils se seraient ainsi trouvés dans une condition analogue à celle des *accensi* et inférieure à celle des *apparitores* de Rome. M. Naudet pense, au contraire, que les cadres des décuries de Rome étaient assez larges pour suffire aux besoins des magistratures provinciales (3). Il base son opinion, que nous croyons mieux fondée, sur un passage de Cicéron (4). L'orateur se plaint de retenues qu'opérait Verrès au profit de son scribe, sur les sommes d'argent

(1) In Verrem, actio secunda. Epist. ad Quinct, I, § 4.

(2) De apparit., p. 6.— Staatsrecht., I, p. 330 et suiv.

(3) Mém. de l'Acad. des inscr., t. XXVI, p. 512. La cohorte du préteur.

(4) In Verrem, actio sec., II, 78.

qu'il devait aux cultivateurs. Après avoir démontré que ces sommes étaient perçues sans aucun droit de la part de Verrès, Ciceron ajoute : « Et dans cette cause, Hortensius soulèvera-t-il contre moi tout l'ordre des scribes? Prétendra-t-il que je compromets leurs intérêts, que j'attaque leurs droits? » C'est donc qu'au moins, à cette époque, les scribes qui accompagnaient les magistrats provinciaux étaient pris dans l'*ordo scribarum*, puisque les scribes de Rome pouvaient se déclarer solidaires de leur confrère emmené en Sicile par Verrès.

SECTION II. — DES DÉCURIES D'APPARITEURS SOUS L'EMPIRE.

Vers le règne d'Adrien, les gouverneurs des provinces cessèrent d'emprunter leurs fonctionnaires aux décuries de la capitale; dans chaque province se constitua l'*officium* du gouverneur, composé d'agents de rangs et de fonctions divers (adjutores, exceptores, numerarii, cornicularii, etc.), placé sous la direction du *princeps officii*. Nous n'avons pas à entrer ici dans les détails de l'organisation de ces *officia*, qui entouraient aussi les grandes magistratures de l'Empire: le préfet de Rome, le préfet du prétoire, le préfet de l'annone, etc. Les anciennes décuries d'appariteurs n'avaient plus désormais de raison d'être, mais elles subsistèrent néanmoins avec d'autres attributions. Les *decuriales urbis Romæ*, comme les appelle le Code Théodosien, devinrent les officiers inférieurs du Sénat. C'est ainsi que nous constatons encore l'existence de *scribæ quæstorii* alors que l'administration financière n'appartient plus aux questeurs.

Au IVe siècle, il existait à Rome plusieurs décuries de fonctionnaires. Les uns étaient chargés de rédiger et de transcrire les actes du sénat et de les conserver dans les archives ; on sait combien il était important que les sénatus-consultes fussent déposés aux archives. Aux termes d'une constitution de l'empereur Constance (1), datée de 335 et qui confirme un très-ancien usage, des *decuriales* remplissaient, dans les causes civiles, et notamment dans les *liberales causæ*, le rôle des fonctionnaires de l'*officium* dans les autres causes, au moins pour la confection et la présentation des libelles adressés aux magistrats. Une autre catégorie de *decuriales*, les *fiscales*, s'occupaient, selon Godefroi, du fisc particulier au peuple de la ville de Rome (2). D'autres enfin, les *censuales*, tenaient les registres du cens sénatorial et recevaient aussi les actes du Sénat, comme le prouve un passage de Capitolinus, l'un des écrivains de l'histoire Auguste (3). Il s'agit, dans ce texte, d'une séance du sénat qui fut tenue si secrète que les sénateurs durent eux-mêmes faire le service des *scribæ* et des *censuales*, « ut non scribæ, non servi publici, non cen- « suales illis auribus interessent, senatores exciperent, « senatores omnium officia censualium scribarumque

(1) 1, C. Th., VIII, IX, et Commentaire.
(2) Comm. ad leg., 1. C. Th., XIV, I.
(3) Vita Gord., C. 12.

« complerent » (1). Enfin les *decuriales* se sont occupés de la juridiction gracieuse ; ils recevaient des actes entre-vifs et des testaments, qu'ils conservaient dans leurs *scrinia* (2).

Les *censuales* eurent à défendre leurs attributions contre les *officiales*, des magistrats. Nous lisons dans une constitution d'Arcadius et d'Honorius qu'ils devaient seuls recevoir et enregistrer tous les actes qui, suivant la coutume, étaient passés au sénat, à l'exception des citations (3).

Les *censuales* étaient placés sous la direction d'un *magister census*. Ils existaient auprès du sénat de Constantinople comme auprès du Sénat de Rome (4).

Les constitutions des empereurs du Bas-Empire, que nous a conservées le Code Théodosien, attestent la sollicitude constante dont ils entourèrent les corporations de *decuriales*. Un trait commun à ces constitutions diverses est de se référer toujours à des droits ou à des privilèges reconnus de toute antiquité aux *decuriales*. Nous y trouvons de précieux renseignements sur l'organisation de cette institution. Chaque métropole de province fournissait deux *decuriales*, sans doute pour assurer aux provinciaux une plus grande facilité lorsqu'ils avaient des affaires à traiter à Rome (5).

(1) Cf., Symm., ep. 10, 67.
(2) 8, C. Th., VIII, 12.
(3) 5, C. Th., VI, 28.
(4) 8, C. Th.; VIII, 12. — 30 et 32, C. Just., VIII, 54.
(5) 3, C. Th., XIV, 1. De decurialibus, 11, et comm. de Godefroi.

Les décuries étaient gouvernées par des *primi viri*, qui n'étaient admis à cette fonction que s'ils faisaient preuve d'une instruction littéraire suffisante et d'une certaine habileté dans l'art de la parole (1). On comprendra facilement cette exigence, si l'on se rappelle que les *decuriales* étaient chargés de rédiger les sénatus-consultes, les procès-verbaux du sénat et de nombreux actes; aussi Cassiodore appelle-t-il le chef des décuries le *vox senatus* (2). Remarquons toutefois que ce degré d'éducation n'était point exigé dans les décuries des *librarii*, des *fiscales* ou des *censuales* qui n'avaient que des comptes à établir.

Les décuries de Rome étaient placées sous la dépendance directe du préfet de la ville. Chaque décurie avait en outre un magistrat appelé le *judex decuriæ* (3). Ce juge répondait probablement, par ses fonctions, au conservateur des priviléges qu'on rencontre plus tard dans l'organisation des personnes morales (4).

Ajoutons que les décuries des *censuales* étaient soumises à un fonctionnaire spécial qu'on appelait le *magister census* (5).

Les décuries de fonctionnaires, comme toutes les corporations de l'Empire, jouissaient de nombreux privi-

(1) 1, C. Th., XVI, 1.
(2) Liv. v, lettres 21 et 22.
(3) Lamp. Alex. Sév., C. 33.
(4) 3 C. Th., XVI, 1. — 1, C. Just., XI, 13,
(5) Cassiod., loc. cit.

léges, que les empereurs confirmèrent à plusieurs reprises (1). C'est ainsi que les *decuriales* étaient de droit exempts de la torture. Lorsque quelque contestation s'élevait relativement à ces priviléges, le demandeur devait tout d'abord s'adresser au juge de la décurie à laquelle appartenait son adversaire. C'est une disposition des empereurs Valentinien, Théodose et Arcadius, que Tribonien a insérée dans le Code de Justinien (2).

Les empereurs durent sévir contre les individus qui ne tenaient pas compte du monopole attribué à certaines décuries pour recevoir les actes ; il existe une constitution qui menace ces individus d'une forte amende (3). En cela les empereurs étaient fidèles à leur politique traditionnelle : récompenser par des priviléges le sacrifice qu'ils exigeaient de la liberté individuelle.

(1, 3, 4, 5, C. Th., h. t.— 2, C. Just., XI, 13.
(2) 3, C. Th., h. t.— 1, C. Just., XI, 13.
(3) L. ult., C. Th., h. t.

DROIT FRANÇAIS

DES DROITS DU MARI & DE LA FEMME

SUR LA FORTUNE MOBILIÈRE
PROPRE A LA FEMME EN DEHORS DU RÉGIME DOTAL

PLAN DE CE TRAVAIL.

Nous nous proposons, dans ce travail, de déterminer les droits du mari et de la femme sur les propres mobiliers de la femme, en dehors du régime dotal.

Nous réunirons dans une première partie tout ce qui concerne le régime de communauté. Une seconde partie sera consacrée au régime sans communauté et au régime de séparation de biens.

1re *partie*. — Nous énumèrerons les éléments qui peuvent entrer dans la fortune mobilière propre de la emme, soit sous la communauté légale, soit sous la communauté conventionnelle (chap. Ier). Nous nous demanderons ensuite à qui appartiennent les propres mobiliers (chap. II). Fixés sur cette question, nous nous occuperons de l'administration de ces propres (chap. III). Le droit d'administration peut être modifié, soit par l'incapacité du sujet de ce droit, soit par la convention des parties : ces modifications seront étudiées au IVe chapitre. Enfin, le Ve chapitre traitera de l'action en restitution qui appartient à la femme lors de la dissolution de la communauté.

2e *partie.* — Un premier chapitre traite de la fortune mobilière de la femme sous le régime d'exclusion de communauté, un second chapitre, du régime de séparation de biens.

Nous plaçons en tête de cette dissertation une courte introduction historique. Nous y esquissons d'abord les traits généraux de la condition des meubles dans l'ancien régime; puis nous étudions les meubles dans leurs rapports avec la communauté de biens, et nous montrons comment peu à peu s'est formée la notion des propres mobiliers.

Introduction historique

CHAPITRE PREMIER.

GÉNÉRALITÉS SUR LA CONDITION DES MEUBLES DANS L'ANCIEN DROIT.

De toutes les différences qui séparent la société contemporaine de l'ancienne France, il n'en est pas de plus importante que celle qui se manifeste dans la constitution de la richesse. C'était jadis une maxime reçue que la possession des meubles n'avait aucune valeur. De nos jours, au contraire, la fortune mobilière s'est développée au point de surpasser la fortune immobilière. Le meuble n'était rien sous l'ancien régime; il tend à être tout dans la France moderne. C'est à considérer l'histoire de cette transformation que nous voudrions nous arrêter quelques instants.

Nulle idée n'était plus profondément enracinée chez nos anciens jurisconsultes que celle exprimée par le brocard : *Vilis mobilium possessio.* Je crois pouvoir affirmer que cette règle se fondait à la fois sur des considérations d'ordre politique et d'ordre économique.

Dans la société qui s'éleva sur les ruines du monde romain, ce fut la possession de la terre, c'est-à-dire de l'immeuble par excellence, qui assura le pouvoir. Aux rapports d'obligation personnelle entre les individus se joignent des rapports réels ; on peut dire que la terre doit à la terre. D'autre part, le propriétaire est souverain dans son domaine ; il en démembre des fractions pour les concéder à divers titres, mais en y retenant toujours un droit de domaine éminent, auquel s'adjoint, dans une mesure plus ou moins large, le droit de justice. Aussi la propriété du manse seigneurial est-elle précieuse, non-seulement à raison de la valeur intrinsèque de l'immeuble, mais à raison des droits de tout genre qui en dépendent.

A ces considérations, il en faut ajouter d'autres qui sont tirées de l'esprit du droit germanique. La famille n'est plus constituée, comme elle l'était à Rome, en forme de monarchie absolue. C'est une société de membres collaborant au même but, société destinée à se renouveler et à se perpétuer. Aussi la législation se préoccupe-t-elle d'en assurer la perpétuité. Tous les membres de la famille (*parentela*) sont unis par des intérêts moraux et matériels ; ils sont solidaires les uns des autres ; l'un d'eux a qualité pour poursuivre la réparation du dommage causé à la personne, à l'honneur ou aux biens de son associé. Le patrimoine, produit du travail de la génération passée, doit suffire à assurer l'existence de la génération présente, qui est tenue de le conserver et de le transmettre dans son intégrité à la postérité. Là est le principe de nombreuses institutions de notre ancienne législation. Au point de vue des personnes, la *faida*, ou droit à la composition, le droit de guerre privée; au point de vue des biens, la distinction si importante entre propres et acquêts, les restrictions mises aux aliénations des immeubles propres, la succession basée sur ce principe fondamental : « Deus solus heredes facere « potes ; » telles sont les conséquences les plus importantes du droit de la famille.

Aussi, toute la sollicitude du législateur se concentre-t-elle sur le bien de famille ; il tient peu de compte des biens qui ne peuvent entrer dans le patrimoine commun, qui demeurent l'objet d'un droit de propriété individuel. Or, les meubles, par leur nature, ne sont pas susceptibles de devenir des biens de famille. (Nous parlons ici des meubles corporels, types du meuble dans l'ancien droit.) En effet, le bien de famille doit être permanent, puisqu'il est destiné à assurer la satisfaction de besoins permanents. Le bien de famille doit être tel qu'il puisse être difficilement aliéné ; sinon, les précautions prises pour en empêcher l'aliénation seraient illusoires. Or le meuble n'a qu'une existence passagère ; il se détériore par l'effet du temps ; il n'a pas d'assiette fixe, indépendante de la volonté de l'homme; rien n'est plus facile que de l'aliéner ; suivant l'énergique expression de Dumoulin, il peut changer de mains cent fois en une heure. En outre, l'intérêt social concorde avec la nature des choses pour réclamer la libre circulation des meubles; en effet, telle est la condition essentielle de la sécurité du commerce. Il est facile de comprendre maintenant pourquoi les meubles ne sont pas entrés dans le patrimoine de la famille.

De ces principes découlent des conséquences importantes; nous nous bornerons à en examiner quelques-unes :

I. L'immeuble, ayant une situation indépendante de la volonté humaine, est régi par la coutume de la situation. Les actions réelles qui concernent cet immeuble doivent être portées devant la cour du seigneur dans le domaine duquel il est compris. Au contraire, les meubles n'ont pas d'assiette fixe, aussi sont-ils régis par la coutume du domicile de celui qui en a la propriété. Les actions concernant les meubles doivent être poursuivies devant le juge de ce domicile (1). C'est ce qu'on exprime par l'adage : *mobilia sequuntur personam*, le meuble suit le corps. On peut comprendre de quelle importance était l'application de cette règle dans certaines matières, dans celle des successions (2), par exemple.

La confiscation des biens était ordinairement accessoire des condamnations capitales. Tandis que chaque seigneur

(1) Beaum, XXI.—Gr. Coutumier, livre IV, ch. 5. On a tiré de ce principe cette conséquence, que les meubles des clercs ne pouvaient être « justiciés » que devant la Cour d'Église.

(2) En succession, on s'attache en général au domicile du défunt — Quelques coutumes du Nord (Lille, art. 6; Saint-Omer, 57) soumettent la succession aux meubles à la loi du lieu du décès.

s'attribuait, en vertu de ce droit, les immeubles situés dans sa seigneurie, le seigneur justicier du domicile prenait les meubles du condamné, où qu'ils pussent se rencontrer. «L'homme est justiciable de corps et de châtel, où il couche et lève » (1).

II. — La possession en matière immobilière est protégée par un système complet d'actions possessoires. — En matière de meubles, on ne donne que la réintégrande ; la complainte n'est pas accordée (2). Si Bouteiller a enseigné une autre doctrine, Loysel revient sur ce point aux principes traditionnels : quant aux meubles, il n'y a pas deux actions, au possessoire et au pétitoire, « parce qu'on estime peu les meubles. (3) »

Certains auteurs enseignent que l'ancien droit a confondu, en ce qui concerne les meubles, le fait et le droit, la possession et la propriété. Nous ne le pensons pas ; ni les lois barbares, ni les premiers jurisconsultes coutumiers n'attestent l'existence d'un semblable principe, qui

(1) Ancienne coutume d'Amiens, art. 97. — Richeb., I, 135. — Loysel, livre I, tit. I, p. 26. — Haynaut, ancienne coutume, ch. 85. — Péronne, art. 1, IV. — Tout en établissant ces principes, nous n'entendons pas méconnaître les dérogations nombreuses qui y ont été apportées. Ainsi, Glanville formule, pour les meubles des *intestats* et des usuriers, une règle contraire à celle que nous énonçons. Glanville, VII, 6. Cf. loi *regiam majestatem*, II, 52 et 53. — Cf., ancienne coutume de Champagne, 49.

(2) Beaum, XXXII, 15.

(3) Loysel, V, 4, 15.

est en contradiction avec plusieurs textes importants (1). L'action en revendication est admise en matière mobilière, si l'on dit : *meuble n'a pas de suite,* on ajoute : *par hypothèque,* ce qui ne porte aucune atteinte au droit qu'a le propriétaire de revendiquer sa chose.

Rien n'est plus incertain que les règles concernant la prescription des meubles. Néanmoins, d'une manière générale, le temps nécessaire pour prescrire était plus court, en matière mobilière, que lorsqu'il s'agissait d'immeubles. La jurisprudence du Châtelet arriva même à rendre souvent inutile la prescription des meubles par l'application du principe : *En fait de meubles, possession vaut titre.*

III. — Des différences très-profondes séparent la succession aux meubles de la succession aux immeubles. « Moeublez sieut prochaineté, et hyretages sieut côté (2) ». Les meubles, (et les acquêts immobiliers qui prennent la place des meubles) passent aux parents les plus proches. Au contraire, les immeubles propres retournent à la ligne à laquelle ils appartiennent. On recherche l'origine des biens dans la succession aux propres ; on ne s'en occupe pas dans la succession aux meubles.

IV. — L'aliénation des meubles est un fait habituel et

(1) Voir sur ce point la dissertation de M. Raynaud, sur la règle « en fait de meubles, possession vaut titre ». (Thèse de doctorat soutenue à Paris).

(2) Coutume d'Amiens, XIIIe siècle. Documents relatifs au tiers-état, I, p. 166.

conforme à la nature des objets mobiliers. L'aliénation des immeubles est un fait exceptionnel et regrettable. De là un certain nombre de différences que nous allons énumérer. Étudions successivement ce qui touche l'aliénation directe des meubles et l'aliénation indirecte qui résulte des obligations contractées.

A. *Aliénation directe.* — 1. Il faut, pour aliéner les meubles, la même capacité ou le même pouvoir que pour administrer les immeubles. Les preuves négatives de cette assertion sont faciles à recueillir ; les textes n'interdisent aux administrateurs que la vente des immeubles. On ne songe pas à défendre d'aliéner les meubles.

L'émancipation par mariage donne, de l'avis de Charondas, le droit « d'administrer les biens et de disposer des meubles » (1). Cette doctrine s'est maintenue jusqu'au XVIIIe siècle. Pothier va jusqu'à permettre au mineur émancipé d'aliéner ses meubles à titre gratuit (2). Souvent les jurisconsultes supposent ce principe plutôt qu'ils ne l'expriment; mais bien des décisions de notre ancien droit seraient inexplicables si on ne l'admettait.

2. L'aliénation des meubles fut dégagée de toutes les formalités dont on entoure l'aliénation des immeubles. Ainsi, les membres de la famille du vendeur ne figurent

(1) Note sur le titre 100, livre I, de Bouteiller.

(2) Cf., Bretagne, 470. — Pothier, Donations entre-vifs, sect. I, art. 1. — Traité *des personnes*, part. I, tit. VI, art. 5. — Ferrière, Sur Paris, art. 239, n° 3. — Raviot, arrêts du Parlement de Bourgogne, I, 259. — Duplessis, Cté, livre I, chap. IV, texte et note, etc.

pas à l'aliénation; il n'est pas besoin que le vendeur fasse constater en justice par ses pairs la légitimité des causes qui le déterminent à vendre. Le droit sur les meubles étant absolument individuel, la famille n'a pas à intervenir dans ces aliénations, elle n'aura pas d'ailleurs à exercer le retrait lignager, sanction du droit des parents.

3. En principe, les meubles n'entrent pas dans le régime féodal. Ils peuvent être aliénés sans le consentement du seigneur; donc point de droits de mutation à payer pour la vente des meubles.

4. Le meuble étant une chose de peu d'importance, la rescision d'outre moitié n'est pas admise en matière mobilière.

5. La vente des immeubles est constatée par un titre. Il n'est point d'usage de constater par écrit la vente des meubles, l'acheteur ne reçoit pas de titre (1). Il en trouve un dans sa propre possession, en ce sens que le demandeur, revendiquant un meuble, doit, non-seulement prouver son droit de propriété, mais encore renverser par la preuve du contraire la présomption établie par la loi en faveur du possesseur, c'est-à-dire prouver que le possesseur n'est pas propriétaire (2). Le Châtelet poussa plus loin cette doctrine et tira de la règle : en fait de meubles, pos-

(1) De même, on n'eut pas d'abord l'idée de constater l'état des meubles, de faire des inventaires. De là les communautés taisibles; de là peut-être la communauté de meubles entre époux, et le droit qui appartient au gardien noble de faire siens les meubles du mineur.

(2) Raynaud, thèse, p. 138.

session vaut titre, une présomption exclusive de toute preuve contraire qu'un tiers voudrait alléguer contre le possesseur. Le possesseur d'un meuble, défendeur à l'action en revendication, avait déjà une situation très-forte; on la rendit inexpugnable (1).

Ajoutons que cette règle exorbitante ne s'appliquait pas aux aliénations de meubles incorporels. En effet, ces aliénations étant constatées par écrit, il y avait un titre, et le motif de la règle ne subsistait plus.

6. Occupons-nous maintenant des aliénations à titre gratuit. L'individu seul a droit sur les meubles à l'exclusion de la famille; il peut en disposer à son gré, par don ou legs : voilà le principe. Ce principe ne tarda pas à subir une restriction. Dès le XIIIe siècle, les jurisconsultes déclarent que le père de famille ne peut librement disposer de ses meubles, si les héritages ne suffisent pas à la soutenance des enfants (2).

C'est un usage très-répandu, au XIIIe siècle, que celui de tester et de confier à des exécuteurs testamentaires le soin de payer les dettes et d'acquitter les legs. Les libéralités testamentaires se réduisaient généralement à quelques legs pieux portant sur des objets mobiliers. C'est sous cette forme et par l'influence du droit canonique, que le testament était entré dans la législation coutumière. L'Eglise revendiqua énergiquement pour les mourants la liberté de disposer des meubles, liberté que contestaient

(1) Bourjon, l. III, chap. V, tit. XXII.
(2) Beaum., XII. — Conseil à un ami, XXXII, 12.

souvent les seigneurs. Toutes les causes testamentaires appartenant aux tribunaux ecclésiastiques, le juge d'Eglise, qui surveillait l'exécution des testaments, formula en cette matière beaucoup de règles qui se retrouvent encore dans notre Code.

Dans certaines provinces, existait l'obligation de tester *pro anima*. Quand le défunt avait négligé de tester, le supérieur ecclésiastique ou laïque suppléait d'office à cette omission et faisait la répartition des meubles conformément à l'usage gènéral.

B. *Aliénation indirecte*. — Les meubles sont consacrés au paiement des dettes ; les meubles sont le « siége des dettes. » En appliquant rigoureusement ce principe, on en serait arrivé à refuser aux créanciers le droit de poursuivre leur paiement sur les héritages. Mais on n'a pas poussé la logique à ce point. Le droit du moyen-âge subit, en effet, la double influence du droit romain, qui proclame l'unité du patrimoine, et de l'esprit germanique, qui tend à substituer les biens au profit de la famille. Aussi ces deux influences se neutralisent souvent, au moins est-il rare qu'un principe soit appliqué dans toutes ses conséquences.

Mais ce qui est de droit commun, c'est que les créanciers doivent épuiser leurs droits sur les meubles avant de se tourner contre les immeubles. Beaumanoir formuel nettement cette règle (1). Elle est appliquée dès la période Carolingienne, nous la retrouvons dans les coutumes et

(1) Capit. Anseg., IV, 23 et 74. Beaum., XI, 6, livre I. — Cf., Fleta, II, cap. 63.

les chartes du XIIIe siècle. Voici comment les échevins de Lille enjoignaient aux sergents d'exécuter une sentence : « Se vous trouvés le corps dou debteur, si l'arriestés.—Se « vous ne trouvés le corps, si arriestés ses meubles ca- « teuls. Se vous ne trouvés meubles cateuls, si mettés « main à ses yretages » (1).

Tel fut le droit général, jusqu'à l'ordonnance de Villers-Cotterets, (août 1539), dont l'art.74 déclare que pour la validité de l'exploit des criées ou autre saisie et main-mise de personnes ou de biens, pas n'est besoin de faire perquisition de *biens meubles* ; le commandement régulièrement fait suffit pour que le créancier puisse saisir l'immeuble.

La discussion des meubles est encore imposée de nos jours, comme préliminaire de la saisie des immeubles, au créancier dont le débiteur est un incapable (2206, C., civ.).

L'application de la maxime que les dettes sont charge des meubles prit une importance extrême en matière de succession. L'héritier aux meubles est toujours tenu des dettes (2). C'est un principe général que qui prend les meubles à titre universel doit acquitter les dettes. Dans

(1) Livre de Roisin, VIII. Voir aussi une charte de 1282, publiée dans les « Evêchés de Bretagne », par MM. de Geslin et de Barthélemy, III, p. 290. — On saisit les immeubles, « cum dictus Eudo mobilia non « haberet, per que posset satisfacere dicto militi de summa pecuniæ « antedicta. »

(2) Je ne parle pas ici des dettes qui s'y sont purement charges réelles des biens, cens, champarts, etc. — Argentré, art. 219, gl. 7 et 8.

le droit anglo-normand, le douaire constitué en deniers, qui est une dette de la succession du mari, doit d'abord être pris sur les meubles, et subsidiairement sur les héritages (1). En Bretagne, la pratique constante est que les meubles et acquêts sont préalablement employés au paiement des dettes que si les meubles et acquêts ne suffisent pas, elles sont acquittées par les héritiers des deux estocs sur leurs propres, *pro modo emolumenti* (2).

En Hainaut, « successeurs des meubles du trespassé seront subjects de payer toutes debtes par luy créées » (3). Les successeurs aux immeubles sont tenus des dettes sauf « leur regrès sur l'hoir des meubles. » En Artois, « tous li mobles demeurent à l'ainsné, sans parture faite as autres, si ne voelent partir à paiier dettes » (4). Ce droit s'était maintenu dans plusieurs coutumes jusqu'au XVIIIe siècle (5) ; on ne permettait pas d'entamer les héritages tant qu'il y avait du mobilier pour acquitter les dettes ; c'est, dit Pothier (6), une suite de l'esprit

(1) Bracton, liv. v, ch. 2. Edit. Nichols, II, p. 240. — Cf., Marnier, ancienne coutume de Normandie, p. 63. — Secus Fleta, 342, § 17.

(2) Hevin sur Frain, II, p. 828. — Cf., d'Arg. in art. 413, gl. 2, n° 1.

(3) Chartes générales du Hainaut, chap. 123, 3 (dans la collection des coutumes belges).

(4) Anc. usages d'Artois, XXXVII, nos 2 et 3 (il s'agit de la succession à un veuf). — Cf., Établissements, I, 8.

(5) Lorris, chap. 15, art. 11. — Touraine, 30. — Anjou, 237. — Maine, 252. — Bourbonnais, 316. — Nivernais, tit. xxxiv, art. 4. — Mantes, 71. — Melun, 267. — Sens, 94. — Senlis, 41. — Amiens, 59 90, 91.

(6) Successions, chap. V, art. 2, § 1.

de notre droit coutumier, qui est de conserver, autant que possible, les héritages dans les familles.

Les coutumes les plus importantes avaient abandonné cette ancienne tradition. « Quoique dans plusieurs matières, telles que celles de la garde noble, de la communauté, du douaire, notre coutume (d'Orléans), suivant l'esprit de l'ancien droit français, ait regardé les dettes mobilières d'une personne comme une charge de ses seuls biens mobiliers, néanmoins elle a suivi un système différent en matière de succession » (1). Le principe admis dans le dernier état du droit ancien, c'est que les dettes sont charges de tous biens ; les successeurs en sont tenus en proportion de qu'ils prennent.

Dans les coutumes où il était en vigueur, le principe « les dettes sont charge des meubles » était appliqué au seigneur qui recueillait les biens d'un aubain, d'un bâtard, ou qui, par l'effet de la confiscation, s'appropriait les biens d'un condamné. Le droit coutumier présente d'ailleurs de nombreuses conséquences de cette vieille règle. Le baillistre fait siens les meubles du mineur à charge d'acquitter les dettes : « Qui bail prent, quitte le rent ». Le débiteur misérable est admis à faire cession de biens, par le jet de la ceinture ; il renonce par là aux meubles et aux dettes. Bouteiller (2), à qui nous empruntons ce

(1) Introd. à la Cout. d'Orléans, no 113. — Déjà, au XIVe siècle, on disait à Paris : « Debita et credita inter heredes partiuntur pro portio- « nibus hereditariis. » (Document publié par M. Bordier, Bb. de l'Ecole des Chartes, 2e série, I, p. 390.)

(2) Bout., II, 20.

renseignement, suppose sans doute qu'il s'agit d'un débiteur qui n'a pas d'immeubles, ou dont tous les immeubles ont été saisis.

Le régime dont nous venons de décrire les traits caractéristiques repose sur cette maxime, que les meubles ont peu de valeur. Or, par suite du développement de la société du moyen-âge, cette maxime a cessé de répondre en tous cas à la vérité. Aussi, les coutumes ont fait sortir de la catégorie des meubles tous les objets qui ont pris quelque importance.

1° Les meubles incorporés à la terre (meubles par destination) suivent le sort des immeubles. Tel était le cas de la catégorie très-importante de meubles servant à l'exploitation du domaine rural.

2° Certains meubles considérables furent assimilés aux immeubles. Il en fut ainsi des offices et des rentes constituées. Quelquefois l'assimilation n'est que partielle : ainsi les rentes constituées, tout en gardant leur caractère de meubles, sous l'empire de la coutume de Reims, ne peuvent être aliénées par le tuteur sans l'intervention du magistrat. Ailleurs la rente constituée, quoique rangée parmi les meubles, était exclue de la communauté. Dans les coutumes du Nord, en Artois, par exemple, on reconnaît entre les meubles et les immeubles une classe intermédiaire, les cateux, qui sont considérés comme immeubles au point de vue de la communauté (1).

(1) Artois, 146.

3° Quelques auteurs sont allés plus loin dans cette voie, et ont enseigné que les meubles précieux devaient être considérés comme des immeubles(1). L'art. 64 de la coutume d'Amiens interdisait aux mineurs de disposer des meubles qui leur seraient venus de leurs ancêtres. Et Boullenois disait (2). « Il y a, dans les grandes maisons, des meubles si rares, si précieux, que volontiers on les regarde comme substitués. »

4° Les jurisconsultes tendent à placer les *universités* de meubles dans une situation exceptionnelle (3). Si le grevé peut aliéner les meubles compris dans la subtitution, il faut en excepter les meubles de grand prix et cette universalité de meubles qui par fiction tiennent lieu d'immeubles (4). L'art. 1422 du Code civil présente encore un souvenir de cette doctrine.

5°. Enfin, au double point de vue des successions et de la communauté entre époux, des meubles peuvent être immobilisés par la convention des parties.

(1) Hevin, arrêts, chap. 127.

(2) Boullenois, I, p. 341.

(3) L'université de meubles diffère du meuble corporel au point de vue de l'occupation et de la revendication.

(4) Raviot, II, p. 462.

CHAPITRE II.

LA FORTUNE MOBILIÈRE DES ÉPOUX. — 1re PÉRIODE. DE L'INVASION BARBARE AU XIIe SIÈCLE.

La législation de cette époque tire son principe des coutumes germaniques, modifiées par le christianisme et par la nouvelle organisation sociale qui s'est établie sous les deux premières races.

Deux idées générales dominent la situation juridique des époux en ce qui concerne leurs biens. 1o Tout d'abord, le mari est le mainbour de sa femme ; il exerce sur ses biens le pouvoir vague, difficile à définir, qui résulte du *mundium* : « Jubemus ut maritus, sicut in muliere habet « potestatem, ità et de omnes res suas habeat » (1). Ce droit de *mundium* devait donner au mari un pouvoir très-large d'administration sur les biens de la femme (2).

2o Le christianisme tend à donner à la femme un rang égal à celui du mari. Elle n'est plus achetée comme une servante (« quia tu mihi bene servisti », disent encore de nombreux textes de *sponsalicia* de l'époque barbare), elle se donne librement par un contrat que l'Eglise con-

(1) L. Gond., 100.

(2) Lois de Roth., 205. — Muratori, dissert., II p. 267, acte de 1141.

sacre, et elle devient l'associée, *la compagne* du mari ; suivant le texte rappelé dans le préambule de nombreux actes privés de la période carolingienne, le mari et la femme ne forment qu'une seule personne. Leurs intérêts moraux sont confondus, leurs intérêts matériels doivent l'être aussi. La conséquence directe de cette doctrine serait la communauté de tous biens. Mais d'autres principes juridiques ont empêché cette institution de venir à maturité.

L'invasion germaine apporta dans les lois une notion oubliée depuis longtemps, celle de la copropriété de la famille. L'opposition entre le bien de famille et le bien acquis par l'individu, entre l'*alos* et le *comparatum*, se retrouve, dès les temps mérovingiens, dans nos documents diplomatiques. Les coutumes du XIIe siècle et du XIIIe siècle ont tiré de cette idée de nombreuses conséquences qu'elles ont rigoureusement déduites, soit en ce qui concerne les successions, soit en ce qui touche le droit d'aliéner. Ces conséquences ne paraissent pas avoir été toutes formulées dès le premier moyen âge. Mais le principe existait, et c'est précisément parce que l'on s'attachait à conserver les biens dans les familles, que la communauté universelle suivie de sa conséquence logique, le partage égal, ne put jamais s'introduire qu'à l'état d'exception.

Toutefois, quelle que soit l'extension du droit collectif de la famille, il peut bien paralyser entre les mains du propriétaire actuel le *jus abutendi*, mais il laisse intact le *jus utendi fruendi*. Ce droit demeure personnel, et par conséquent il peut être communiqué par le conjoint à son conjoint. Aussi, c'est un fait constant, dès l'époque carolingienne, que chaque époux a un droit sur les biens de l'autre, droit dont la nature est difficile à préciser. Le mari figure dans les aliénations des biens de la femme, la femme dans les aliénations des biens du mari.

Ce concours de la femme, en particulier, ne paraît pas être motivé, comme il le sera plus tard, par une renonciation que ferait la femme à son droit au douaire sur le bien aliéné : rien n'indique une telle renonciation, que les textes d'une époque postérieure formulent avec le plus grand soin. La femme semble agir en qualité de copropriétaire des biens du mari ; peut-être, dans une langue juridique plus exacte, faudrait-il l'appeller une co-usufruitière.

On nous permettra de citer quelques textes dans le but de prouver l'existence de ce droit que chacun des époux acquiert sur les biens de son conjoint : je les prends tant dans les formules que dans les actes contemporains des deux premières races.

Tout d'abord, les actes et les formules nous présentent des exemples très-nombreux de cas où les conjoints aliènent « aliquid de *nostra* hereditate, *nostros* alodos. » Cet adjectif *noster* marque d'une propriété commune, se retrouve constamment dans les diplômes de ce temps. L'homme et la femme figurent toujours comme parties principales dans les actes d'aliénation, encore qu'il s'agisse évidemmentd'une *hereditas* appartenant à l'un d'eux.

Dans une formule du VIIe siècle, le mari et la femme donnent « aliquid de rebus nostris » (1). Ailleurs, ils donnent un domaine: « tam de alode quam de comparato « seu de quolibet adtracto que ad *nos* ibidem NOSCUNTUR « pervenisse » (2).

Ces formes sont constantes dans les chartes. En voici deux exemples. Nous pourrions les multiplier à l'infini :

« Ego Hostroberta, et maritus meus, Vuandefredus... « per hanc epistolam donationis donatum in perpetuum « esse.. volumus... *nostros* alodos quos habeamus in plebe « nuncupante Cornou. » (3) (Acte de 864, rédigé en Bretagne.)

« Ego, Adalbertus, et uxor mea Beringa, donamus Deo « et sanctis Apostolis ejus Petro et Paulo aliquid de *nos-* « *tra* hereditate » (4) (xe siècle).

Plusieurs textes, précisant davantage ce droit des époux, marquent la communauté dans laquelle vivaient les conjoints quant à la jouissance de leurs biens.

Un *sponsus* donne à sa *sponsa* des meubles et des immeubles. «Hæc omnia rem superius nomenata *ambo* pa- « riter hoc tenire et possedire debiamus, superius nome- « nata hoc tenire et possedire debias » (5). La dernière

(1) Roz., no 204.

(2) Roz., no 202. — Lindenbrog, no 17.

(3) Cart. de Redon, LVII.

(4) Chartes de Cluny, no 301. Documents inédits. — Cf., n° 334 342, etc.

(5) de Rozière, Form., 226.

partie du texte fait sans doute allusion au droit qui appartiendra à la femme au cas de prédécès du mari.

« Hæc omnia eo pacto ipsi sponsæ meæ contrado ut, si « eam in conjugium utrorumque vita comite accepero, « hæc omnia cum cæteris rebus meis *mecum pariter* in « illis et in illis locis habeat et possideat et augmentare « studeat; si autem ego quocumque casu præreptus fuero, « sive filii ex nobis nascantur aut non, supradictas res in « illa villa et in omni marcha illius, absque contradic- « tione ullius proximorum aut vicinorum meorum, die- « bus vitæ suæ possideat » (1).

Ces deux formules présentent la plus grande analogie: possession commune pendant le mariage, usufruit accordé à la femme survivante, tels sont les deux éléments qu'elle renferme.

Cet usufruit commun persiste au xe siècle ; « Dono..., « in ea racione dummodo insimul vivimus, usum et fruc- « tum habeamus » (2), dit une femme en parlant de ses biens. (Actes de 928 et de 935).

Les textes nous ont transmis de nombreuses donations (*sponsalicia*, *cessiones*, *dotalicia*) du mari à la femme. Le but commun à tous ces actes est d'assurer l'existence de la femme survivante. Toutefois, on y rencontre souvent une clause qui paraît attribuer à la femme, du jour du mariage, le droit de disposer des biens qui lui sont donnés dans ce but : « Ab ipso die nuptiarum hoc ipsum teneas atque

(1) Form., 239. — Cf., Form., 253, qui présente une clause semblable.

(2) Cluny, nos 347 et 366.

« possideas, vel quicquid exinde facere volueris, liberam « atque firmissimam habeas potestatem. » (1).

En faut-il conclure que la femme acquérait, du jour du mariage, sur ces biens meubles ou immeubles, un droit de jouir ou de disposer qui s'exerçait d'une manière absolument indépendante du mari? Nous ne le croyons pas. Une formule analogue accompagne généralement les transmissions de propriété qu'elle ne fait que consacrer. Pour interpréter cette clause, il suffit de dire que la femme devient propriétaire des objets ainsi donnés. Mais ces objets n'échappent pas à la communauté de jouissance. Et cette communauté n'existât-elle pas, les actes d'aliénation de la femme n'en seraient pas moins soumis à l'autorisation du mari, à raison de la puissance maritale.

Quant aux meubles, ils étaient sans doute pendant le mariage, l'objet d'une propriété indivise de la part des époux.

Le partage égal à la dissolution du mariage eût dû être la conséquence des principes que nous venons d'indiquer. Toutefois, il n'en fut pas ainsi. Nous ne trouvons point de principe général qui domine cette matière. Nous nous bornons à indiquer les décisions dont la la trace nous a été conservée. Etudions successivement ce qui se passe pour les meubles et pour les immeubles.

A. — *Meubles*. — Les meubles sont de peu d'importance. Presque tous les objets mobiliers, immobilisés par destination, suivent le sort de la terre. Dans les actes

(1) Roz., nos 224, 228, etc.

translatifs de propriété, rien n'est plus fréquent que cette clause: « Cum servis et ancillis, peculio et familiis, mobi-« libus et immobilibus, donamus quidquid inibi hodierno « die visi sumus habere et possidere. » En dehors de ces objets, il ne restait guère que les vêtements, les bijoux, les objets de literie, et quelquefois les troupeaux.

1° Les objets nécessaires à la personne de la femme forment, dans certaines coutumes germaniques, une succession spéciale. Ils demeurent à la femme au décès du mari. Souvent, d'ailleurs, le mari, qui les a donnés à la femme, exprime cette volonté dans l'acte de donation. A la mort de la femme, ces objets (*gerade*) étaient transmis à la plus proche héritière, sans que les parents mâles y pussent jamais succéder.

2° Une loi barbare laisse les objets de literie (*lectuaria*) à la femme survivante (1). En cas de divorce, ces objets étaient partagés également.

3° Il pouvait arriver que des meubles fussent entrés dans le patrimoine par le fait du travail commun, de la *collaboratio* des époux. Ce sont, par exemple, des troupeaux qu'ils ont acquis au moyen des bénéfices provenant de l'exploitation de leurs terres. En vertu des règles générales, la femme devait en prendre le tiers ou la moitié. En effet, les textes ne restreignent pas aux immeubles le droit qui appartenait à la femme *sur les acquêts*.

B. — *Immeubles*. — Chaque époux reprenait ses propres, sauf les donations que l'un avait pu consentir

(1) Capit. ad leg. Alamannor., XXX.

au profit de l'autre. La femme avait droit à une part sur les acquêts provenant de la *collaboratio* des deux époux (1). Cette part fut généralement fixée au tiers, la loi des Saxons la porta à la moitié. On vit, dès le XIe siècle, certains statuts donner au survivant la masse des conquêts. Toutefois, à l'époque Carolingienne, le droit commun n'en attribuait à la femme que le tiers (2). C'est ce que nous apprend un capitulaire de Louis le Pieux: « Volumus ut uxores defunctorum, post obitum maritorum, « tertiam partem collaborationis quam simul in beneficio « collocaverunt accipliant » (3).

Les maris, dans les actes intitulés *sponsalicia*, se conforment à cette disposition légale, dont ils étendent souvent l'application à tous les biens dont ils peuvent disposer. D'autres donnent à la femme le tiers de tous leurs meubles : « Cedo tertiam partem ex omnibus rebus meis « mobilibus, quas modo habeo, vel in futuro acquirere « poterimus » (4). Nous trouvons ici une allusion aux meubles présents lors de la célébration du mariage et aux meubles conquêts. Ce tiers des meubles, c'est le droit

(1) Lex Visigoth., IV, 2, 16. — Lex Ripuar, XXXVII. — Lex Bajuvar, XIV, 9, 1. — Marc., II, 17. — La femme peut aussi recevoir un douaire (dotalicium) sur les héritages du mari.

(2) Wormser Dienstrecht, ap. Walter, Corpus Juris germ. antiqui, t. III, p. 775.

(3) Capit, IV, 9.

(4) Acte de 833. — Cluny, n° 7, acte de 905. — Cluny, n° 88. — « Dilectissima atque amantissima conjuga mea... cedo tibi tercia « porcione de omnes res, facultates meas, quas visus sum habere « aut possidere... in edificiis, casis astantibus, casaricis, ortis, areis,

attribué à la femme par les coutumes scandinaves du XIIe et du XIIIe siècle, en matière de communauté de biens. Nous retrouvons aussi cette quotité dans le droit normand.

Au Xe siècle, on rencontre des cas où la part de la femme est fixée à la moitié, non plus au tiers. En 937, une femme du Mâconnais, nommée Rihelt, fait donation à son mari de sa part dans les conquêts. Elle les énumère et ajoute : *La mea medietate ad integrum tibi dono* (1).

Les textes législatifs paraissent bien reconnaître que le droit de la veuve est un droit de survie : *uxores defunctorum*, dit le capitulaire ; et cependant, les *sponsalicia* semblent conférer à la femme un droit préexistant au décès du mari : « Ad abendum, vendendum, donan-« dum, seu liceat tibi commutandum. » Peut-être le droit de la femme a-t-il insensiblement changé de nature. Ce qui nous confirmerait dans cette idée, c'est que les jurisconsultes du XIIIe siècle (et notamment Beaumanoir, qui, à coup sûr, n'attribue pas seulement à la femme sur les meubles un simple droit successif, mais bien un droit de co-propriété) traitent de ce droit dans les chapitres consacrés au douaire, qui est incontestablement un droit suc-

« vineis, pecoribus tam majoribus quam minoribus, drapis tami « lineis vel siricis, aurum, argentum, omnia ex omnibus... tercia « porcione tibi cedo, et *secundum mea lege salica* manibus tib « trado. » — Acte de 928. — Cluny, n° 358. — « Tercia porcione tibi dono *sicut lex salica commemorat* (allusion probable au Capitulaire). — Voir aussi les textes des chroniqueurs cités par M. Pardessus. Loi Salique, Dissertation sur le mariage — et les *leges Longobardorum*, Additio tertia, Cartularium, n° 16, dans Pertz, Leges, t. IV

(1) Cluny, no 476.

cessif. Il s'est fait sur ce point une confusion qui ne s'est dissipée que lentement.

Nous avons reconnu le principe de la communauté. Nous en avons montré les premières applications. Partout où la communauté s'est établie, elle a d'abord compris les meubles. Des raisons graves expliquent ce résultat.

1o Il est facile à chaque époux de reprendre ses immeubles propres à la dissolution du mariage. Mais qui ne voit les difficultés qui se seraient élevées s'il eût fallu reconnaître les meubles apportés par chaque époux? L'inventaire paraît ne s'être introduit qu'au XIIe siècle; il était employé, non dans la pratique coutumière, mais dans la pratique des cours d'Église, pour l'exécution des testaments. Les coutumes n'ont pas tenté d'organiser un système de preuve pour constater l'origine des meubles. En cela, elles sont fidèles à ce principe général qu'on ne peut suivre la trace des mutations d'un meuble. Dans cet ordre d'idées, la communauté des meubles et le partage par moitié étaient les solutions les plus équitables.

2o La communauté s'est surtout développée dans les villes commerçantes. C'est là que la collaboration de la femme a le plus d'efficacité; c'est là que la fortune mobilière a le plus d'importance (1).

(1) Le droit des villes, en matière de communauté, est toujours plus large que le droit des campagnes. Souvent même les statuts municipaux ont adopté la communauté universelle. En effet, en vertu des chartes municipales, les tenures comprises dans l'enceinte de l'échevinage étaient le plus souvent affranchies du lien féodal. La libre

Deuxième période.

Nous avons conduit jusqu'au XIIIe siècle l'histoire de la communauté. Nous n'entendons pas pousser plus loin cette étude. Il nous suffira de montrer comment les auteurs et les coutumes ont appliqué aux meubles des époux les principes de la communauté. Nous laissons donc de côté les nombreux textes qui concernent la communauté d'acquêts. Nous nous bornons à résumer la doctrine de Beaumanoir sur la communauté des meubles.

transmission de ces biens était le droit commun des grandes villes du Nord. « Burgensis potest dare terram suam et vendere et ire quo « voluerit libere et quiete, nisi sit in calumnia », dit un texte du XIe siècle (loi de Newcastle en Tyne, Stubbs, Select Charters, p. 107). Et au dernier temps de l'ancien régime, Frigot, commentant l'art. 329 de la coutume de Normandie, qui établit la communauté des acquêts faits en bourgage, ajoute : « Les bourgages sont les héritages qui se peuvent vendre, comme les meubles, sans le consentement des seigneurs. » C'est ce que répètent de nombreuses coutumes du Nord de la France : « Les bourgages sont tenus et reputez comme chose mobiliaire » (Houdain, 43. Bouthors, II, coutumes du baillage d'Amiens p. 324). Les bourgages tombent en communauté comme les meubles (Andruicq, 20; ibid., p. 682. — Cf. Bouthors, II, pp. 333, 336, 365, 352, 368, 370 et 401). Cette observation montre comment les statuts municipaux sont arrivés à la communauté universelle, qui existait dans certaines villes d'Allemagne, des Pays-Bas et des pays scandinaves. Ainsi, en Suède, la loi des villes, au XIIIe siècle, établit la communauté universelle; il en est de même en Danemark (d'Olivekrona, Revue de Législation, 1865, p. 389, 392, 415). De même, à Bruges, la communauté comprend tous les biens sauf les fiefs. Elle est aussi très-étendue dans la coutume d'Anvers (voir la coutume de Bruges, tit. III et IV, et les autres coutumes belges, dans la grande collection des coutumes publiée par le gouvernement belge).

I. La communauté est une conséquence de la célébration du mariage, conséquence nécessaire, qui résulte de la vie commune. « Cascun set que compaignie se fait par « mariage, car si tost comme mariage est fes, li bien de « l'un et de l'autre sont commun *par le vertu du mariage* » (1).

Cette règle n'est pas générale ; certaines coutumes, notamment celles de l'Ouest, n'admettent la communauté qu'après une cohabitation d'an et jour. Les coutumes scandinaves (2) exigent un délai plus long encore. La preuve des apports mobiliers de chaque conjoint est, en effet, plus facile à faire à une date rapprochée du commencement de la vie commune. C'est sans doute cette considération qui a inspiré ces législations. Il y a peut-être aussi, dans les coutumes qui admettent le délai d'an et jour, une trace de l'influence exercée sur la communauté conjugale par les communautés taisibles.

II. Le mari est le chef de cette communauté. Il est « mainburnisséres » dit Beaumanoir (3). Il peut donc disposer des meubles et en faire sa volonté. Il peut les donner et même les léguer. Il oblige les meubles communs par ses délits : « Se li barons meffet son cors, il « perd toz les muebles avecques les héritages, que nus « des muebles n'en demore à le feme. Et par ce appert il

(1) Beaum., XXI, no2.
(2) D'Olivekrona, loc. cit.
(3) Beaum., XXI, 2.

« que tuit *li mueble sunt à l'omme, le mariage du-*
« *rant* » (1).

III. Cependant la femme a, pendant le mariage, un droit actuel sur les meubles communs. Beaumanoir suppose que Pierre enlève la femme de Jean et emporte en même temps une partie des meubles de Jean. La femme ne peut excuser Pierre en disant : « Je pris des meubles « comme des miens, » car au regard de Pierre, ces meubles étaient la propriété de Jean, le mari. Mais le jurisconsulte dit que la femme, en ce qui la regarde, ne doit pas être punie pour vol. « Neporquant ele, en se per« sonne, tout soit ce qu'ele en uze malvesement, ne doit « pas être justicié comme larrenesse, *por reson de le* « *compagnie et du droit que li mariage li dona* » (3).

III. Les dettes suivent les meubles. En vertu de ce principe, les dettes de la femme deviennent celles de la communauté, partant celles du mari. On arriverait à la même conséquence en vertu des principes purement germaniques ; le *mundwald* est tenu des dettes de celui qu'il est chargé de protéger. Tout concourait donc à produire la règle célèbre : Qui épouse le corps

(1) Les assises d'Antioche ne permettent au mari de tester que de la moitié des meubles, parce que l'autre moitié forme la corbeille de la femme ; cette restriction n'existe pas pour les donations. — Ass. d'Antioche. Traduction française du texte Arménien.

(2) Beaum., XXX, 99.

(3) Beaum., XXX, 97.

épouse les dettes. « Celuy qui prend la feme veve « est tenus par dreit de paier tout ce qu'ele devra ou por « sei ou pour son autre baron » (1). D'ailleurs, le mari est le principal obligé pour toutes les obligations de la femme ; c'est à lui que doivent d'abord s'attaquer les tiers : « Nule fame n'a response en cour laie, puis que ele « a son seigneur, se ce n'est du fet de son corps » (2).

IV. A la dissolution du mariage, chaque époux a droit à la moitié des meubles. Ce droit n'est point subordonné à la survie de la femme (3).

« La feme au mort en doit porter son douaire, la moitié « des meubles et la moitié des conquès (4).

« Encore a gentieus femme, par le coustume d'Artois, « quant ses sire est mort, se il li plaist, avoeques son « douaire, contre l'iretier, moitié ès mœbles et és cha- « teus qui demourès sont » (5).

Toutefois, la femme peut renoncer à ce droit — Beaumanoir accorde le droit de renonciation à toutes les femmes, nobles ou roturières. On comprend l'intérêt que pouvaient avoir les femmes à renoncer, dans une législation où les dettes et les legs étaient charges des meubles :

« Il est au quois de la feme, quant ses barons est mors,

(1) Ass. des Bourgeois, c., 133. — Cf. c., 194 et 195.
(2) Etablissements, II, 147. — Cf. ass. des Bourgeois, 151.
(3) Beaum., XIV, 20. — Ass. des Bourgeois, C. 187.
(4) Beaum., XIV, 29.
(5) Anciens usages d'Artois, tit. XXV, no 4. — Cf. haute cour,

« de laisser tous les meubles et toutes les dettes as hoirs, « et d'emporter son doaire quitte et délivré, et s'il li « plest, ele pot partir as muebles, et se ele i part, ele est « tenue à se part de detes » (1).

Les autres monuments juridiques de cette époque paraissent restreindre la faculté de renoncer à la femme noble (2). La femme roturière n'en aurait pas joui; ce fut d'ailleurs la règle générale jusqu'au XVIe siècle. Nous ne savons comment expliquer cette anomalie. Peut-être l'idée de société étant plus particulièrement le propre des mariages entre roturiers, on ne se décidait pas facilement à permettre à un associé d'échapper aux dettes sociales, tandis que la femme noble, qui ne *collaborait* pas avec son mari, prenait les meubles plutôt comme héritière que comme co-propriétaire. Nous nous bornons à indiquer cette explication (3).

Nous citons ici quelques textes relatifs au droit de renonciation de la femme : « Gentilfame aura la moitié ès « muebles si elle veut, mes elle mettra la moitié ès dettes.

livre de Geoffroy le Tort, c. 16 (Beugnot, t. I), et Cour des Bourgeois, c. 180 (Beugnot, t. II).

(1) Beaum., chap. XIII, 9, du douaire. — Cf. chap. XXI, no 2.

(2) Il faut excepter encore la coutume de Bourgogne, publiée par M. Giraud, dans son Essai sur l'histoire du droit français, tit. de Dotibus, art. 3 et 8.

(3) Nous devons reconnaître que l'idée de société est quelquefois appliquée aux conjoints nobles. Dès qu'ils sont mariés, ils deviennent associés pour le tout, disent les assises d'Antioche. — Droit des chevaliers, I, 6. Traduction française du texte arménien, publiée par la Société mékhitariste de Venise.

« Et se elle ne veut rien prendre ès moebles, elle ne mettra rien ès detes » (1).

« Si gentieus feme prent moebles à moitié, elle aidera « à paier les aumosnes et les lais (de son mari) à moitié, « avoeque moitié des detes » (2).

« La femme prend son douaire tout franc, sans paier « aucune chose des debtes de son mari, se elle ne s'en- « tremet des mobles, et se elle se descinct sur la fosse de « son dit mari, elle renonce à tous mobles et acquets et « ne emporte que son douaire tant seulement » (3).

Cette renonciation aux « meubles et dettes » se faisait par une cérémonie symbolique. — La femme jetait sa ceinture sur la tombe du mari. C'est d'ailleurs le mode employé par le débiteur qui veut abandonner ses meubles à ses créanciers (4).

La femme renonçante emportait au moins quelques effets : *Mulier non debet abire nuda*. Ce droit est plus ou moins étendu dans les différentes coutumes. Ainsi s'applique-t-il à de nombreux objets de ménage, d'après le livre de Roisin, qui contient la très-ancienne coutume de Lille (5). En Bretagne, la femme renonçante conserve

(1) Etablissements, I, 15. — Cf. Anciens usages d'Artois, tit. XXV, nos 4, 5 et 6.

(2) Cf. Us et coutumes de Champagne, XIIIe siècle, tit. XII (Richebourg).

(3) Ancienne coutume de Bourgogne, publiée par M. Giraud, tit. de Dotibus, art. 3.

(4) Grand coutumier, II, ch. 31. — Nivernais, ch. XVII, art. 14. — Bouteiller, livre II, tit. XXI. — Coutume de Bourgogne, loc. cit.

(5) Livre de Roisin, Droit des veufs et des veuves. — Cf. Beaum.,

son lit, sa huche, deux paires de robes et deux paires d'atours à son choix. Ces meubles sont considérés comme propres à la femme.

Dans certaines coutumes, le survivant demeure en possession de tout le mobilier. L'article 238 de la coutume de Paris déclare que telle est la règle qui régit les rapports entre conjoints nobles; cette règle fut, en effet, considérée, dans l'ancienne France, comme le droit commun des nobles (1).

Telle était, au XIIIe siècle, l'organisation de la communauté de meubles. Elle est le résultat des idées germaniques modifiées par le christianisme. La femme est l'associée de son mari; la femme et le mari ont des droits égaux : voilà l'élément chrétien. Le mari est le chef de la communauté; il dispose des biens qui en font partie : voilà l'élément germanique, le traditionnel *mundium* (1), qui d'ailleurs est entièrement conforme à l'enseignement chrétien sur la suprématie du mari. Dans d'autres législations qui sont demeurées plus fidèles à l'esprit germanique, la personnalité de la femme s'anéantit dans celle du mari. La femme est en tutelle, elle conserve toujours une position subalterne : « Mulier ipsa et cæteræ omnes

XIII. — Bretagne, an 36. — Amiens, Première coutume, art. 63, in fine. Documents pour l'histoire du tiers-état, p. 143.

(1) Ass. Bourgeois, C. 186, pour les conquêts.—Louvain, ch. XIV, art. 5, et plusieurs autres coutumes belges. — Lorraine. — Les us et coutumes de Champagne et de Brie (XIIIe siècle), titre XII (Richebourg, t. III).

« res ipsius mulieris plene intelliguntur in dispositione « viri ipsius » (1).

Le droit postérieur modifia la communauté en deux points importants :

1o La faculté de renoncer, que les monuments de la fin du XIIIe siècle et du XIVe siècle regardent comme un droit propre aux femmes nobles, fut étendue aux femmes non nobles à la réformation des coutumes (2).

2o La communauté n'eut plus le caractère d'effet nécessaire du mariage. Elle ne comprit plus absolument tous les meubles. Il y eut des meubles qui furent assimilés aux héritages ; un document du XIVe siècle, la coutume de Bourgogne, s'exprime ainsi : (3) « L'on tient pour héri-« tage deniers dehus pour cause de mariage qui paiez « ne sont, car se aucune personne à laquelle on donnoit « deniers pour cause de mariage muert sans hoirs de « son corps ou sans descendanz, les diz deniers seront « ainsi que héritaiges et advendront au lignage de par la « mère, à qui estoient dehuz les diz deniers tant seule-« ment. » Voilà un premier exemple d'une créance propre à la femme. Ces exemples se multiplieront dans le droit postérieur (4). Toutefois les meubles immobilisés sont le

(1) Glanville, livre v c. 3.

(2) Paris, Coutume réformée, 237.

(3) Ancienne coutume de Bourgogne, publiée par M. Giraud, 21.

(4) Somme donnée à charge d'emploi est propre, encore que l'emploi n'ait été réalisé.— Paris, 93.— Chose mobiliaire léguée ou donnée par contemplation du donataire est réputée héritage ; et n'y ont les communs au donataire ne part ne portion, s'il n'est convenu au con-

plus souvent des sommes d'argent données en contemplation du mariage. Ce sont là, pour nous servir d'une expression moderne, des propres imparfaits; on n'arrivera que lentement à la conception des propres parfaits. Pothier (1) n'admettait point qu'il pût y avoir des meubles dont la propriété ne fût pas transférée à la communauté; le propre mobilier se résumait toujours en un droit de créance conféré à la femme, droit qu'elle exerçait avec ses autres reprises. Au cas où la stipulation de propres ne frappait pas des sommes d'argent, mais des corps certains, ces corps certains étaient estimés, de telle façon que le droit de la femme de réel devenait personnel. Bourjon, parlant du cas où des effets mobiliers stipulés propres n'auraient pas été estimés, dit que « ce serait singulier. » « En ce cas, ajoute-t-il, le « mari, relativement à des tiers, dispose valablement de « ces effets mobiliers, parce qu'en matière de meubles, la « possession vaut titre. » Il semble bien résulter de ce texte que le mari est, pour Bourjon, un *non dominus*, et que, dans la rigueur des principes, la vente consentie par lui devrait être nulle (3). Nous sommes ainsi arrivés à la réalisation parfaite des meubles. Il faut, pour les alié-

traire, ou qu'ils fussent communs en tous biens (Nivernais, XXVI art. 15). — Cf. Ferrière, sur l'art. 246 de la Coutume de Paris, Gl. I, 11.

(1) Communauté, no 325.

(2) I, 4e partie, ch. II, no 23.

(3) Renusson reconnaît formellement des propres parfaits. V. plus bas, première partie, ch. II., où nous traiterons ce point avec plus de délitas.

nations de ces meubles, « que la femme et le mari y parlent. »

A l'époque de la rédaction des coutumes, la communauté se forme toujours par la vertu du mariage. Mais les parties peuvent convenir qu'il n'y aura pas communauté entre eux. La séparation de biens contractuelle vient se placer à côté de la séparation de biens accessoire de la séparation de corps. C'est le triomphe du principe posé par Beaumanoir : « convenance loi vainc. »

PREMIERE PARTIE

La fortune mobilière propre de la femme commune en biens.

CHAPITRE PREMIER.

COMPOSITION DE LA FORTUNE MOBILIÈRE PROPRE.

Les meubles présents et futurs des conjoints tombent en communauté; tel est le principe de la communauté légale. Toutefois ce principe subit des exceptions; même sous le régime de la communauté légale, il peut exister des meubles *propres*. A plus forte raison, la volonté des parties peut, sous le régime de la communauté conventionnelle, donner à des meubles le caractère de propres de communauté. Nous allons énumérer les causes qui, sous la communauté légale et conventionnelle, donnent naissance à des propres mobiliers.

SECTION I. — Les meubles propres sous la communauté légale.

La célébration du mariage établit la communauté de tous meubles. Cependant certains biens mobiliers résistent, par leur nature, à cet effet du mariage; ils sont si intimement liés à la personne de leur propriétaire que rien ne peut les en séparer. Ils ne souffrent même pas cette demi-aliénation qui résulte de la mise en communauté. Ces objets forment une première catégorie de propres mobiliers.

D'autres meubles demeurent propres parce que, postérieurement au mariage, il sont entrés dans le patrimoine à cette condition. Le lien qui existe entre ces meubles et le conjoint résulte, non de la nature des choses, mais de la volonté du tiers qui a mis ces choses dans le patrimoine du conjoint. Il aurait pu ne pas lui en transférer la propriété; il la lui a transférée, mais à telle condition qu'il lui a plu d'imposer, pourvu que cette condition ne fût pas contraire aux lois ni aux mœurs.

Il est des objets mobiliers qui sont des fragments détachés d'immeubles propres sans cependant avoir le caractère de fruits. Ces objets demeurent propres, en vertu du principe de l'accessoire, et forment ainsi une troisième catégorie de propres mobiliers.

La communauté de meubles n'est plus, dans le droit moderne, ce qu'elle était dans nos plus anciennes coutumes, une conséquence nécessaire de l'union conjugale, un fait produit « par vertu du mariage, » résultant de la force des choses, et dont la volonté humaine ne saurait modifier les effets. La qualité de commun n'est pas inséparable de la qualité de meuble. En matière de contrat de mariage, la volonté des parties contractantes doit être souveraine. Le législateur, en écrivant les règles de la communauté légale, n'a pas eu d'autre prétention que celle de rédiger le contrat des gens qui n'en font pas. Ce contrat se base sur la situation actuelle de la fortune des conjoints; il en fait deux masses : l'une, mobilière, qui entre en communauté; l'autre, immobilière, qui est réservée propre. Mais ces précautions seraient inutiles, et l'immutabilité des conventions matrimoniales ne serait qu'une fiction, si l'un des conjoints pouvait après le mariage, en dénaturant sa fortune, la faire passer tout entière dans la communauté. Sans doute il lui sera permis de convertir ses immeubles en meubles; mais les meubles qu'il acquerra ainsi lui demeureront propres et ne tomberont pas en communauté. De là une quatrième classe de propres mobiliers : *les meubles substitués à des propres.*

Reprenons maintenant chacune de ces catégories en entrant dans le détail des objets qu'elles comprennent :

1° *Effets mobiliers spécialement attachés à la personne.* — Certains objets d'une valeur intrinsèque insignifiante peuvent être considérés comme des souvenirs de très-haute valeur. Il serait trop dur de les enlever au conjoint qui en était propriétaire et qui pourrait ainsi être réduit à les voir passer aux héritiers de son conjoint, par suite de cette aliénation forcée qui résulte de l'établissement de la communauté. Aussi faudra-t-il les considérer comme propres et les attribuer avant part au conjoint auquel il n'ont jamais cessé d'appartenir.

Ainsi, lorsque un survivant est un homme d'épée, on doit lui laisser l'épée qu'il a coutume de porter; au magistrat on laisse sa robe (1). Il en est de même des insignes des ordres du survivant, qui demeurent en propre au mari; des souvenirs offerts par un prince ou une personne de distinction, qui ont une valeur toute personnelle et doivent être repris par le donataire avant partage. Les portraits de famille ne sont pas non plus, de l'avis de Pothier, « des choses qui soient censées faire partie d'une communauté de biens. » La femme survivante prendra, avant partage, les portraits de son conjoint et de sa famille qui lui sont demeurés propres; le mari ne peut, comme chef de la communauté, obliger valablement la femme à remettre les portraits à un tiers; ces portraits, en effet, n'ont jamais été la propriété de la communauté (2).

Les œuvres de l'esprit et de l'art peuvent devenir l'objet d'un droit de propriété, mais cette propriété présente un caractère particulier. Il existe entre une œuvre littéraire et son auteur un lien bien plus intime que celui

(1) Poth., 682.
(2) Paris, 29 mars 73, D., 74 2, 120.

qui nous unit aux autres objets de notre patrimoine. Mon œuvre, c'est l'expression de ma pensée, c'est une part de moi-même. Tous les exemplaires en fussent-ils détruits, elle existerait dans mon intelligence, et je pourrais seul la traduire au dehors et la rendre au public. Il n'en est pas ainsi des meubles qui existent dans mes biens; le cheval dont je me sers peut être remplacé par un autre cheval. Le législateur n'a pas, croyons-nous, tenu suffisamment compte de ce caractère éminemment personnel de la propriété littéraire, qui, dans une législation conforme aux principes, doit influer, à un degré que nous n'avons pas à préciser ici, sur la transmissibilité de ce droit, au moins pendant la vie de l'auteur. Quoi qu'il en soit, la loi française fait du droit des auteurs un droit mobilier transmissible et, à ce titre, tombant dans la communauté légale. Il pouvait y avoir des doutes sur ce point avant 1866; le texte ambigu de l'article 39 du décret du 5 février 1810 laissait, à vrai dire, la question indécise, quoique, à notre avis, les principes généraux de la loi française eussent suffi pour décider la question en faveur de la communauté. Le doute n'est plus permis, maintenant que la loi du 14 juillet 1866 réserve formellement au conjoint les droits qui peuvent résulter en sa faveur du régime de communauté.

Il est bon de remarquer avec Pothier que les manuscrits (non édités) qu'un homme d'esprit a composés ne doivent pas être compris dans l'inventaire; ce sont choses inestimables, qui ne sont pas censées faire partie d'une communauté de biens.

Arrêtons-nous un instant sur les résultats que produira la dissolution de la communauté relativement à la propriété littéraire ou artistique.

Supposons une femme auteur ou artiste. La communauté étant dissoute par le prédécès du mari, la femme acceptera ou renoncera à la communauté. Si elle renonce, les héritiers du mari deviennent, par l'effet de cette renonciation, titulaires de la propriété des œuvres artistiques ou littéraires de la femme, tout comme si celle-ci leur avait directement cédé ce droit.

Ils pourront, en présence de la femme survivante, disposer de son œuvre comme il leur plaira.

Si la femme accepte la communauté, elle n'en verra pas moins le droit sur ses œuvres passer pour moitié aux héritiers du mari. Le même résultat se produirait si le mari auteur survivait à sa femme.

Plusieurs jurisconsultes, et en particulier M. Duranton, se sont refusés à admettre que, du vivant de l'auteur, la propriété de son œuvre pût ainsi lui être enlevée en tout ou en partie. Ils ont proposé de faire estimer à titre d'experts la valeur vénale du droit d'auteurs lors de la dissolution de la communauté, et d'attribuer aux héritiers du prédécédé non pas le droit sur l'œuvre en entier ou pour moitié, suivant les circonstances, mais la valeur représentative de ce droit. On s'autorise, pour appuyer cette solution, de la pratique usitée lorsque le conjoint du titulaire d'un office tombé en communauté vient à mourir. Mais, dans ce dernier cas, un tel procédé est logique, puisque c'est seulement la valeur vénale de l'office, non l'office lui-même, qui est tombée en communauté. Nul plus que nous ne désirerait qu'une distinction fût introduite entre le droit sur l'œuvre et le droit aux avantages pécuniaires qu'on en peut tirer. Cette distinction, le législateur ne l'a jamais faite, et nous croirions, en l'introduisant ici, dépasser les limites de l'interprétation. L'article 7 du projet de loi de 1863, sur la propriété littéraire, déclarait qu'en cas de mariage, la propriété littéraire et artistique resterait propre à l'auteur. Encore un coup, nous croyons que c'est là, en législation, la véritable solution.

Le brevet d'invention confère à l'inventeur un droit mobilier qui tombe dans la communauté, comme le droit de propriété littéraire.

2o Nous avons placé dans une seconde catégorie les meubles que la volonté de celui qui les fait entrer dans le patrimoine du conjoint rend incessibles, soit d'une manière générale, soit vis-à-vis de la communauté.

Les soldes de retraite, traitements de réforme, pensions de la Légion d'honneur, pensions de retraite civile, sont déclarés incessibles et insaisissables par diverses lois. « Ces pensions doivent, en effet, dit un avis du Conseil d'Etat (1), être considérées comme des aliments accordés par l'Etat et destinés *spécialement* à l'individu qui les obtient ; elles ne pourraient devenir par une vente la propriété d'un autre, sans que l'objet bien évident de cette institution ne fût manqué, puisque l'intention du gouvernement a été d'assurer un secours annuel, et non de

(1) Avis du Conseil d'Etat, 23 janvier, — 2 février 1808.

donner une somme une fois pour toutes. » Ainsi, pour se conformer à la volonté du donateur, qui est ici l'Etat, il faut refuser toute valeur à une tentative d'aliénation de ces pensions ; elles doivent par conséquent être exclues de la communauté de biens du titulaire. La veuve d'un fonctionnaire civil ou militaire gardera donc en propre la pension qui lui est attribuée, les arrérages seuls tomberont en communauté.

Nous donnerons la même solution, quant aux pensions et rentes constituées à titre d'aliments. Les aliments peuvent être dûs en vertu de la loi, ou en vertu d'une libéralité. Il est généralement reconnu que les aliments dûs en vertu de la loi sont incessibles ; ainsi, la pension viagère qu'un fils aurait été condamné à payer à sa mère à titre d'aliments ne tomberait dans la communauté de la mère que pour les arrérages et non pour le fond du droit. Nous croyons qu'il faut étendre cette décision au cas où les aliments sont dûs en vertu d'une donation ou d'un testament, même lorsque la donation ou le testament ne le déclare pas. Qu'a voulu, en effet, le donataire ou le testateur ? Comme l'Etat, lorsqu'il accorde une pension de retraite, il a entendu assurer un secours annuel, et non donner une somme une fois pour toutes. Les motifs de l'incessibilité sont les mêmes dans les deux cas ; attribuer au donataire la faculté de céder son droit serait méconnaître complètement les intentions du donateur. Nous pouvons, d'ailleurs, invoquer l'art. 581, C. Proc., qui défend de saisir : 1° les sommes ou objets déclarés insaisissables par le testateur ; 2° les sommes ou pensions pour aliments, « encore que le testament ou l'acte de donation ne les déclare pas insaisissables. »

Mais, nous dit-on, dans le système contraire, cet article signifie simplement que le donataire ou le légataire ne peut être dépouillé malgré lui du produit de la donation ou du legs : de quel droit en conclure qu'il n'y peut renoncer? Les rentes sur l'Etat, ajoute-t-on, sont insaisissables, mais elles ne sont pas incessibles. Nous ne soutiendrons pas que l'insaisissabilité emporte par elle-même l'inincessibilité. Elle ne l'emporte pas, alors que l'insaisissabilité repose sur des motifs tirés de l'objet du droit; ainsi, le législateur, voulant donner plus de prix à la propriété des rentes sur l'Etat, les a déclarées insaisissables; on n'en saurait conclure qu'elles sont incessibles. Mais, en matière de rentes et de pensions alimentaires, le motif de l'incessibilité est tiré, non de la considération de l'objet du droit, mais de la considération du sujet; c'est le crédirentier qu'il convient de protéger aussi bien contre lui-même que contre ses créanciers, afin d'assurer l'accomplissement de la volonté du donateur. Or, l'incessibilité est le seul moyen d'atteindre ce but. Elle résulte, d'ailleurs, non-seulement de l'esprit de la loi, mais d'un texte. L'art. 1003 du Code de pr. déclare que, « toutes personnes peuvent compromettre sur les droits dont elles ont la libre disposition. » « Et l'art. 1004 ajoute immédiatement qu'on ne peut compromettre sur les dons et legs d'aliments, logements et vêtements. » L'article est conçu d'une manière générale; il ne distingue pas le cas où les aliments sont déclarés insaisissables et incessibles par le donateur ou le testateur, du cas où cette déclaration n'existe pas. Qu'en faut-il conclure, si ce n'est que le donateur ou le légataire d'aliments n'a pas la libre disposition de sa rente ou pension que dès lors il ne peut l'aliéner, ni la faire tomber en communauté?

Les rentes viagères de la caisse des retraites pour la vieillesse, quoique n'étant déclarées insaisissables que jusqu'à concurrence de 360 francs, doivent être cependant considérées comme propres de communauté en vertu du texte formel de la loi du 18 juin 1850, art. 4, 3° et 4°, art. 5, 3°.

En dehors de ces cas exceptionnels, la rente viagère appartenant à l'un des époux lors du mariage tombe en communauté, non-seulement pour les arrérages, mais encore pour le fond du droit. C'est un meuble qui doit suivre le sort de la masse mobilière. La rente viagère s'éteint si le conjoint crédirentier prédécède; dans le cas contraire, les émoluments s'en partagent entre le crédirentier et les rentes du conjoint prédécédé. Il en serait de même d'une rente viagère acquise par l'un des époux pendant le mariage.

Pendant le mariage, des objets mobiliers peuvent être donnés ou légués à chacun des époux sous la condition que ces objets n'entreront point en communauté (1). Sans doute, la loi n'impose pas de formule sacramentelle pour l'expression de cette condition, mais il faut une manifes-

(1) 1401-1.

tation formelle de volonté de la part de l'auteur de la libéralité.

On peut supposer le cas où le donataire serait héritier à réserve du donateur ; s'il ne trouve pas sa réserve dans sa succession la part des objets donnés frappée par la réserve est-elle soustraite à la clause exclusive de la communauté ? Deux opinions ont été enseignées sur ce point :

A. La clause est valable pour le tout. La réserve est établie au profit de l'héritier, et de l'héritier seul ; il peut par conséquent y renoncer. Personne ne peut invoquer cette disposition protectrice, lorsque l'héritier garde le silence ; il est le meilleur juge de ses devoirs et de ses intérêts.

B. Nous ne croyons pas devoir admettre cette doctrine, et nous pensons que la clause n'est valable que dans la mesure de la quotité disponible. La réserve est frappée d'indisponibilité, non-seulement au profit de l'héritier, mais aussi au profit de ses ayants-cause. Or, la communauté est un ayant-cause de réservataire. Elle a donc le droit d'invoquer les principes de la réserve.

III. Il convient de nous occuper maintenant des produits détachés d'un immeuble propre, qui ne portent pas le caractère de fruits. Lorsque l'un des époux, la femme, par exemple, a parmi ses biens propres un bois, la communauté en jouit, suivant les règles établies en matière d'usufruit par les art. 590 et suivants. Aux termes de ces dispositions, les arbres abattus dans les portions de bois de haute futaie non aménagées ne sont pas des fruits ;

ils sont considérés comme une portion du fond, qui est détérioré lorsque ces arbres viennent à disparaître. Ces hautes futaies demeurent par conséquent le bien du nu-propriétaire, du conjoint en l'espèce qui nous occupe.

En ce qui concerne les produits des mines, minières et carrières, l'art. 1403-3o renvoie aux règles sur l'usufruit. En vertu de ces règles (art. 598), la communauté a droit aux produits des mines, si elles sont ouvertes avant l'entrée en jouissance ; si elles ne sont ouvertes qu'après l'entrée en jouissance, les produits sont des propres imparfaits qui tombent dans la communauté à charge de récompense. Telle est la décision qui résultait des principes de l'usufruit. Ces règles s'appliquent, en matière de communauté, aux minières et aux carrières.

La règle à laquelle renvoie l'art. 1403 ne répond plus à l'état actuel de notre législation sur les mines. Le Code considérait l'exploitation d'une mine comme un mode de jouissance du sol, mode que l'usufruitier ne pouvait substituer au mode d'exploitation établi par le nu-propriétaire. La loi de 1810 considère la mine comme un immeuble distinct, et non pas comme un mode de jouissance ; cet immeuble est susceptible d'usufruit, comme tous les immeubles. C'est à ce point de vue que doit maintenant se placer l'interprète : de là les solutions suivantes :

A. — Mine concédée avant la célébration du mariage.

1. — La mine a été concédée au propriétaire du sol. Les produits en appartiennent à la communauté, comme

produits d'un immeuble propre à l'un des conjoints.

2. — La mine a été concédée à un tiers non-propriétaire. Le droit à la redevance, qui appartient au conjoint propriétaire, est un droit immobilier comme accessoire d'un immeuble ; il demeure propre au conjoint propriétaire. Mais la communauté, qui a la jouissance des propres, a droit aux arrérages échus pendant la durée du mariage.

B. — Mine concédée après la célébration du mariage.

1. — Si la mine a été concédée au conjoint propriétaire, nous estimons que cette concession forme un acquêt.

En effet, la concession ne peut être considérée comme une donation ; elle est motivée par les qualités personnelles du concessionnaire. Dès lors tout est commun, la mine et ses produits.

2. — Si la mine est concédée au conjoint non-propriétaire, elle forme un acquêt. Mais la communauté se trouve chargée, envers le conjoint propriétaire, de la redevance établie par la loi de 1810, redevance qui a le caractère d'un propre immobilier.

3. — La mine est concédée à un tiers. Le droit à la redevance est propre pour le fond du droit, commun pour les arrérages contemporains de la communauté.

Donc, aucune de ces hypothèses ne donne naissance à des propres mobiliers, parfaits ou imparfaits.

L'attribution du trésor trouvé dans le propre de l'un

des conjoints a soulevé de longues controverses. Quelques-uns pensent qu'ils faut distinguer entre la part attribuée au conjoint *jure dominii* et celle qui lui est attribuée *jure inventionis*. Quant à cette dernière part, il nous paraît difficile de l'exclure de la communauté. C'est une valeur mobilière qui advient à l'un des époux ; elle doit être commune, car on ne saurait la rattacher à aucune des exceptions à la règle générale qui fait tomber les meubles en communauté.

Quant à la part attribuée à titre de propriétaire, certains auteurs la considèrent comme propre, parce que c'est un accessoire d'un propre. Mais, ici encore, nous estimons que le trésor tombe en communauté. En effet, il ne complète pas l'immeuble ; il n'en dépend en aucune manière. C'est le hasard qui a mis en contact le trésor et l'immeuble. Le trésor est un don de fortune, *donum fortunæ*, *donum Dei*, il appartient à la communauté, comme lui appartiendrait une donation d'effets mobiliers. D'ailleurs, si le propriétaire reçoit de la loi une part du trésor, c'est que le trésor est présumé avoir appartenu à l'un des auteurs du propriétaire actuel. C'est une part de la fortune mobilière du propriétaire qui lui revient ; elle doit suivre le sort de cette fortune mobilière, par conséquent tomber en communauté.

IV. Nous en venons à une dernière catégorie. Celle des meubles substitués à des propres pendant le mariage.

Les époux ne peuvent se créer arbitrairement des propres. Ils ne peuvent employer leurs deniers communs à augmenter leur fortune personnelle, ils ne pourraient acquérir avec l'argent de la communauté un meuble qu'ils stipuleraient propre, sauf à en devoir le prix à la communauté. Mais, d'un autre côté, dès que l'acquisition d'un propre ne sera plus un effet purement arbitraire de leur volonté, dès qu'elle sera motivée par un intérêt propre antérieur au mariage, elle leur sera permise (1). Ainsi peuvent-ils prendre de l'argent dans la communauté pour conserver ou améliorer un immeuble propre. En ce faisant, ils ne font que consolider un droit antérieur; ils n'acquièrent par conséquent aucun droit à la communauté, qui est seulement créancière de récompense.

Les meubles sont susceptibles de la qualité de propres, et à moins que leur nature n'y répugne, il faut les traiter comme les immeubles propres. Aussi n'hésiterons-nous pas à poser en principe que tout meuble substitué à un bien propre est propre. En effet, l'entrée du meuble dans le patrimoine est alors motivée par un intérêt propre préexistant. Le point délicat sera de prouver la réalité de la substitution. Il est des cas où cette preuve résulte de la nature des choses, d'autres pour lesquels le législateur a organisé un mode spécial de preuve.

A. 1° Dans la première série de cas, je rangerai tout d'abord l'échange. L'art. 1407 ne vise à la vérité que les immeubles; mais en matière de communauté légale, le législateur omet souvent de mentionner les meubles propres, dont il a pourtant reconnu l'existence. On ne peut

(1) Cf., sur ce principe, note de M. Labbé, Sirey 1877, 1., p. 394.

donc tirer argument de cette omission. Ainsi les meubles acquis en échange d'immeubles ou même de meubles propres doivent être considérés comme des propres.

2° La créance résultant de la vente d'un propre est un propre mobilier. Pothier donnait cette solution, qui est universellement admise.

3° Le meuble donné en paiement d'une créance est-il propre? Nous le croyons, pourvu toutefois que la femme ait accepté la dation en paiement, s'il s'agit d'une créance de la femme, car elle ne peut acquérir un propre sans son consentement (1). Dans ces conditions, on ne peut contester que le meuble donné en paiement ne prenne place du propre aliéné. La présence de cet objet dans le patrimoine se rattache directement à un propre préexistant auquel il se trouve subrogé. Cela suffit à nos yeux pour en faire un propre de la femme. On objecte que la dation en paiement équipolle à un paiement suivi de l'achat par le créancier de l'objet donné en paiement, objet qui serait tombé dans la communauté si ces opérations eussent été effectivement réalisées. Nous répondrons que, si la somme due eût été payée, elle se serait confondue dans la masse commune, ne fût-ce que pendant un instant de raison; que la valeur propre s'y serait anéantie, de telle façon qu'elle n'aurait pu revivre que par l'accomplissement des formalités du remploi. Mais, dans le cas de dation en paiement, cet anéantissement de la valeur propre a été évité; elle a toujours subsisté dans son individualité.

(1) Arg. des art. 1434 et 1435.

La loi suppose d'ailleurs que la dation en paiement peut créer un propre à la femme. En effet, l'art. 1595-2° admet la légitimité des cessions que le mari fait à la femme pour une cause légitime, telle que le remploi de ses immeubles aliénés ou de deniers à elle appartenant. Prenons une espèce : des valeurs mobilières propres à la femme ont été aliénées : le mari en a touché le prix, montant à 10,000 fr. Il est donc devenu quasi-usufruitier de cette somme, dont il doit la restitution. Il donne en paiement à la femme d'autres valeurs mobilières représentant un capital de 10,000 francs, c'est une opération légitime (art. 1595-2°) qui crée un propre dans le patrimoine de la femme en remplacement du propre aliéné. Ce bien, qui devient propre, a été donné en paiement dans le but d'éteindre une créance de la femme contre la communauté, c'est-à-dire une créance propre de la femme. Nous ne voyons pas pourquoi on n'étendrait pas cette solution à l'hypothèse où le débiteur de la créance propre à la femme est non plus le mari, mais un tiers.

4° La femme, ayant vendu un immeuble avant le mariage, intente après le mariage, l'action en rescision pour lésion. L'acheteur se décide à payer le supplément de prix. Ce supplément constitue pour la femme un propre mobilier, car il est le prix du rachat de l'action rescisoire, par conséquent le prix du rachat d'un propre (1). Nous donnerions à *fortiori* cette solution si la vente avait eu lieu depuis le mariage.

(1) Pothier, n° 548.

5° Supposons maintenant que la femme ait acheté un immeuble avant le mariage. Plus tard, la vente est rescindée pour lésion. La créance en restitution du prix est-elle propre ou tombe-t-elle en communauté? Pothier admet que cette créance est commune; en effet, tout doit se passer comme si le contrat de vente n'eût jamais existé. Mais nous ne partageons pas cette opinion. Entre les parties et leurs ayants-cause, le contrat de vente est, à la vérité, nul et non avenu; mais il n'en a pas moins produit un état de fait que les parties ont pris en considération au jour du mariage. L'immeuble était alors *possédé* par l'époux (art. 1404); il doit donc être considéré comme propre, soit que nous nous en rapportions aux termes de l'art. 1404, soit que nous interprétions le régime de la communauté légale comme l'expression de la volonté présumée des conjoints.

6° Il faudrait adopter une solution analogue, dans le cas où la femme, après avoir acheté un immeuble avec clause de réméré, en serait évincée postérieurement au mariage par l'effet de cette clause. Le prix restitué à la femme lui demeurerait propre.

7° Un contrat de mariage a stipulé que les époux se marieraient sous le régime de la communauté égale. Entre la date du contrat, et celle de la célébration du mariage, la femme vend un immeuble. Pothier enseignait que la créance du prix demeurait propre à la femme. Dans le droit nouveau, on a généralement adopté la solution contraire, en se fondant sur le silence du Code qui, pour l'hypothèse inverse, a reproduit (art. 1404) la décision de Pothier.

Cet argument n'est pas sans réplique, car l'art. 1404 est placé au milieu d'articles qui déterminent quels immeubles restent propres. Le silence du Code à cet endroit ne contient rien qui emporte le rejet de la décision de Pothier (1). Nous sommes d'autant plus porté à l'admettre, que la solution contraire amène une modification des conventions matrimoniales ; elle équivaut à une clause d'ameublissement postérieure au contrat, clause dont on ne pourrait reconnaître la validité que si elle était entourée de toutes les formes requises. Cette considération nous paraît avoir autant de valeur aujourd'hui que du temps de Pothier.

8° Un immeuble propre à l'un des époux a été détruit par un incendie : l'indemnité d'assurance attribuée à cet époux lui demeure-t-elle propre ou tombe-t-elle en communauté ? Il est de principe que l'indemnité d'assurance ne prend pas rigoureusement dans le patrimoine la place du bien détruit ; ainsi elle est le gage commun de tous les créanciers de l'assuré, sans qu'aucune préférence soit attribuée aux créanciers qui avaient hypothèque sur l'immeuble brûlé (2). L'indemnité est, en effet, une valeur mobilière qui entre dans le patrimoine de l'assuré en exécution d'un contrat passé par lui. Les principes de l'art. 2092 doivent lui être appliqués. — Cependant nous

(1) Pothier, 603.
(2) Paris 24 mars 1755, Sir. 56, 2, 15.

ne transporterons pas ces principes dans la matière qui nous occupe. L'indemnité d'assurance est une conséquence, indirecte à vrai dire, de la présence de l'immeuble propre dans le patrimoine du conjoint. Si la communauté en bénéficiait, elle s'enrichirait sans cause, aux dépens de la fortune propre du conjoint, elle s'enrichirait de la valeur représentative de l'immeuble propre. L'intention des partis contractants serait manifestement violée (1). En vain, s'il s'agit d'un propre de la femme, alléguerait-on que le mari a contracté l'assurance; en agissant ainsi, il a fait un acte d'administration dans l'intérêt de sa femme et conformément au devoir que lui impose l'art. 1428. En vain dirait-on que la communauté paie les primes d'assurance; ces primes sont, en effet, des charges de la jouissance qui appartient à la communauté.

9° Une succession purement immobilière est échue à la femme et a été partagée durant la communauté. A la suite des opérations du partage, la femme demeure créancière d'une soulte. Cette soulte doit-elle être considérée comme un bien propre, ou tombe-t-elle en communauté?

Dans l'ancien droit, cette question avait été agitée. Bourjon soutient que la soulte tombe en communauté, à raison de l'effet rétroactif du partage. La femme qui trouve une soulte dans son lot est censée avoir succédé directement à cette valeur mobilière, comme si elle eût trouvé dans la succession une créance d'une somme, égale au montant de la soulte.

(1) Bordeaux, 19 mars 1857, Sir. 27, 2, 534.

Toutefois la doctrine que soutient Bourjon n'avait pas été accueillie avec faveur dans notre ancien droit, et nous ne croyons pas qu'elle doive être admise davantage dans le droit moderne. L'effet déclaratif du partage ne peut être invoqué ici, car nous nous trouvons en dehors des cas d'application de l'article 883. La règle traditionnelle que consacre cet article a pour but d'éviter les recours entre cohéritiers; aussi efface-t-elle rétroactivement les droits réels consentis pendant l'indivision; elle avait, en outre, pour effet, au point de vue fiscal, d'enlever au partage le caractère d'acte d'aliénation réciproque qui aurait eu pour conséquence la perception des droits de mutation. Voilà le terrain auquel il faut restreindre l'article 883; voilà comment, de tout temps, on a interprété le principe du partage déclaratif. Il concerne les rapports des copartageants entre eux, mais non les rapports d'un co-partageant avec ses ayants-cause. Or la communauté, étant l'ayant-cause du conjoint cohéritier, ne peut invoquer l'article 883, qui n'est pas fait pour elle. D'ailleurs, il est bon de remarquer que la fiction de l'article 883 eût été ici dépourvue de toute base; le copartageant est censé n'avoir jamais succédé qu'aux objets qui se trouvent dans son lot, par conséquent à la créance qui lui est attribuée. Mais comment peut-il être censé avoir succédé directement à des meubles dans une succession qui, par hypothèse, ne comprenait que des immeubles?

Débarrassés de l'objection que fournissait la règle du partage déclaratif, nous appliquerons uniquement les principes généraux : la soulte représente un droit immobilier qui appartenait en propre au conjoint. Elle doit donc être exclue de la communauté et constituer un propre en sa faveur.

10° A la question que nous venons de discuter s'en rattache une autre qui a soulevé depuis longtemps les controverses des interprètes. Un conjoint, la femme, par exemple, est appelée à une succession mobilière et immobilière. On sait que la communauté a droit aux meubles et que la part représentant les immeubles reste propre à la femme. Mais le partage peut attribuer à la femme des lots de meubles et d'immeubles qui ne correspondent pas à sa part héréditaire; par exemple, si elle est héritière pour le tiers de la succession, son lot peut être composé de tous les meubles héréditaires sans qu'il y entre d'immeubles; ou, inversement, il peut ne comprendre que des immeubles, tous les meubles étant attribués aux deux autres cohéritiers. Dans ces conditions, pour fixer les droits de la communauté, devra-t-on considérer la part pour laquelle la femme est appelée à la succession, ou bien devra-t-on s'en rapporter uniquement à l'événement du partage? Dans notre espèce, si la femme prend pour sa part tous les meubles, devra-t-on n'en attribuer que le tiers à la communauté, et traiter les deux autres tiers des meubles comme des propres, ou bien devra-t-on décider que tous les meubles sont tombés en communauté? On aperçoit facilement l'intérêt de la question.

A première vue, elle paraîtrait devoir se résoudre par la règle du partage déclaratif; mais les mêmes raisons qui nous ont amené à écarter cette règle, dans la controverse précédente, nous conduisent à la considérer comme étrangère à celle-ci.

Pothier (n° 140) s'appuyait sur la règle du partage déclaratif pour subordonner les droits de la communauté à l'événement du partage. De nos jours, on a soutenu la même doctrine, en s'appuyant sur d'autres motifs tirés de la volonté des parties. La convention qui établit la communauté, dit-on dans ce système, ou la loi suppléant la couvention, en distinguant entre les meubles et les immeubles, paraissent devoir s'interpréter comme se référant à l'événement du partage. En effet, la distinction entre meubles et immeubles est purement arbitraire; elle n'a pas pour but d'établir une proportion équitable entre le patrimoine propre et le patrimoine commun. Cette distinction peut donc être méconnue par la convention des parties.

Quelque sérieux que soient ces motifs, nous ne croyons pas devoir les adopter. Il est certain que les droits des héritiers sont fixés au jour de la succession; que, dans notre espèce, la femme, héritière pour un tiers, a un droit indivis sur le tiers des meubles et sur le tiers des immeubles; que par suite des principes constitutifs de son régime matrimonial, elle transmet à la communauté la part pour laquelle elle a un droit indivis sur les meubles, et elle retient comme propre la part pour laquelle elle a un droit indivis sur les immeubles. Si elle cédait sa part héréditaire, il faudrait faire une ventilation pour distinguer, dans la créance du prix de cession, ce qui revient à la femme comme représentant les immeubles de ce qui tombe dans la communauté comme représentant les meubles. Eh bien! dans notre espèce, par l'effet du partage, le droit immobilier se trouve converti en droit mobilier, comme dans le cas de cession ; il nous semble que la solution doit être la même. Au surplus, parmi les auteurs qui enseignent la doctrine contraire, il en est qui admettent cependant que la soulte résultant du partage d'une succession purement immobilière ne tombe pas en communauté; en quoi ils se montrent illogiques, car ils devraient aussi, en cette matière, se rapporter à l'effet du partage. Enfin, nous devons faire remarquer, en faveur de l'opinion que nous défendons, combien il serait difficile, dans le système contraire, d'éviter que des fraudes ne fussent commises dans les partages, soit en faveur de la communauté, soit à son préjudice. On offrirait ainsi aux conjoints la facilité de se faire des avantages indirects et irrévocables, ce qui nous paraît contraire à l'esprit général de notre législation. Donc, les meubles attribués à la femme au-dessus de sa part héréditaire lui demeurent propres et font partie de sa fortune personnelle.

La même question pourrait se poser à l'égard d'une succession échue avant le commencement de la communauté et partagée depuis lors. Nous appliquerons la même solution.

B. Lorsque la substitution de biens mobiliers à d'autres biens propres n'est pas clairement démontrée par la nature des opérations juridiques en vertu desquelles ces valeurs mobilières sont entrées dans le patrimoine, les époux peuvent employer les modes organisés par les articles 1432 et 1433. Ces articles, à la vérité, ne parlent que des immeubles, mais, nous l'avons déjà dit, le législateur a négligé de s'occupper des propres mobiliers. Nous ne voyons pas pourquoi on restreindrait aux immeubles des règles qui peuvent être appliquées utilement à tous les biens susceptibles de composer la fortune propre des époux. Donc, nous admettons qu'on pourra acquérir des meubles propres par voie de remploi, en observant les formalités prescrites par les articles 1432 et 1433. On se servira utilement du mode indiqué par ces articles pour substituer des meubles à des biens propres mobiliers ou immobiliers aliénés antérieurement.

Une question peut se présenter en cette matière:

Le mari est administrateur des propres de sa femme. Or, la mission habituelle de l'administrateur qui touche les capitaux est de les placer. C'est son droit et son devoir. Si donc le mari, après avoir reçu le montant d'une créance propre à la femme, emploie ce capital à acheter des valeurs mobilières au nom de la femme et sans son concours, les valeurs ainsi acquises devront-elles être considérées comme un bien propre de la femme? La femme peut-elle les réclamer comme siennes en invoquant la qualité d'administrateur qui appartenait au mari sur ses biens propres? Nous ne le croyons pas. Le mari n'est pas seulement administrateur; il est usufruitier. Or, à ce titre, il devient propriétaire de tous les deniers qui lui sont payés du chef de sa femme; la femme ne saurait avoir de deniers en propriété. Donc le seul moyen, pour le mari, de lui transmettre la propriété de ces valeurs serait de les lui donner en payement ou d'employer les formalités prescrites par les articles 1434 et 1435 pour le remploi.

Nous avons dit qu'en dehors des exceptions énumérées plus haut, les époux ne peuvent acquérir à titre onéreux des propres. Ce principe va nous aider à résoudre deux questions qui ont soulevé de récentes controverses :

1° Les époux ont acquis une rente viagère qui a été stipulée reversible en faveur du survivant. Où faut-il ranger cette valeur à la liquidation de la communauté? Est-ce une valeur propre au survivant? est-ce un acquêt qui doit être partagé?

Pour certains auteurs, la rente appartient pour le tout au survivant, sans récompense. Il est intervenu entre les époux un contrat à titre onéreux, aléatoire, au sujet du partage d'une valeur commune. Nous repoussons cette opinion comme contraire à l'article 1395, qui interdit de modifier les conventions matrimoniales après le mariage, comme contraire à l'article 1595, qui annule les contrats à titre onéreux entre époax.

Pour d'autres, cette rente est un acquêt; mais cet acquêt appartient pour le tout au survivant, à charge de récompense sur le pied de la valeur de la rente lors du décès. Rien, dans les textes, ne peut justifier ce mode anormal de liquidation des biens communs.

Nous considérons la rente viagère comme un acquêt. Chacun des époux a disposé en faveur de son conjoint de sa part dans cet acquêt, ce qui est parfaitement légal. Il y a, à la vérité, donation mutuelle dans un même acte, ce qui est défendu aux époux par l'article 1097 ; mais on ne peut annuler l'opération de ce chef, car l'article 1097 se rapporte à la forme des actes à titre gratuit ; or, dans notre cas, l'acte principal est une constitution de rente viagère, qui est un acte à titre onéreux. D'ailleurs, la constitution de rente viagère au profit d'un tiers n'est point assujettie aux formes requises pour les donations (art. 1973).

Donc nous considérons que chaque époux a donné à son conjoint sa part d'une valeur encore indéterminée, dans un effet de la communauté. Mais nous n'admettons pas que cette opération ait créé aucune valeur mobilière propre.

2° Le mari et la femme stipulent d'une compagnie d'assurances que, moyennant le paiement de primes, un capital sera fourni au survivant lors du décès du prémourant.

Ce capital assuré est-il un propre ou un acquêt?

Nous croyons devoir donner la même solution que dans l'espèce précédente. Tout droit mobilier acquis à titre onéreux pendant la communauté est un acquêt ; nous ne sommes ici dans aucun des cas prévus par la loi pour la création de propres. Toutefois, chaque époux a donné à son conjoint sa part dans cet acquêt. Il faut attribuer à cette donation tous les caractères et tous les effets d'une donation entre époux.

M. Labbé enseigne une autre doctrine dans une savante note provoquée par un arrêt de la Cour de cassation (1). Chaque époux, dit-il, est considéré comme ayant assuré à son profit sur la vie de son conjoint l'intégralité de la somme stipulée. La créance conditionnelle de ce capital ne tombe pas en communauté. L'un et l'autre époux se sont obligés à payer les primes ; cette dette des primes tombe en communauté, mais avec récompense, comme toute dette relative à un propre. Il peut y avoir, de la part de chaque époux, donation de ce qui lui appartient dans cette créance de la communauté en restitution de primes.

Ainsi, voilà une valeur mobilière, acquise à titre onéreux, avec des deniers fournis par la communauté, valeur qui est déclarée propre à l'époux survivant. Pour justifier ce résultat exceptionnel, notre savant maître se base sur ce principe que deux époux peuvent au moyen des deniers communs sauvegarder un intérêt propre, placé par la force des choses, en dehors de la communauté; ils peuvent, dit-il, conserver un propre et l'améliorer, à l'aide des deniers communs, sans que pour cela les améliorations faites soient communes. Or, l'époux qui s'assure un capital payable au décès de son conjoint sauvegarde en sa personne un intérêt d'avenir, un intérêt d'existence après la dissolution de la communauté intérêt qui est indépendant de sa volonté.

Ce motif nous paraît trop général. A ce compte, il faut dire que la femme qui n'a pas de ressources personnelles peut puiser dans la bourse commune pour se créer des propres destinés à assurer son existence après la

(1) Sirey, 1877, I, p, 303.

dissolution du mariage. Ce que le législateur a voulu, c'est que le conjoint pût employer les deniers communs à l'amélioration de ses propres, sans craindre que la communauté vînt un jour réclamer comme siennes les améliorations, les constructions nouvelles. Il a donc appliqué aux propres le principe de l'accessoire : toute amélioration, eût-elle été faite aux frais de la communauté, demeure propre, sauf le droit de la communauté à la récompense. Mais autre chose est un bien personnel qui reçoit des accroissements, autre chose est un intérêt personnel dont on assure la satisfaction. Nous ne nous dissimulons pas les inconvénients pratiques de la solution que nous préférons, et nous nous associons au vœu de M. Labbé pour que la législation donne satisfaction aux besoins de la pratique sur ce point.

SECTION II. — LES MEUBLES PROPRES SOUS LA COMMUNAUTÉ CONVENTIONNELLE.

Parmi les conventions qui modifient la composition de l'actif de la communauté, il en est plusieurs qui ont pour but de restreindre les effets de la communauté légale. Souvent, il est important de conserver à chacun des conjoints une partie de leur fortune mobilière ; cette nécessité, que nos anciens jurisconsultes avaient comprise, se fait sentir d'autant plus vivement à notre époque que les valeurs mobilières forment une part plus considérable de la fortune publique. Nous allons exposer les clauses qui créent des valeurs de propres et en analyser rapidement les effets.

I. *Communauté d'acquêts.* — 1. *Composition.* — Sous ce

régime (art. 1498, C. c.), chaque époux conserve la propriété de tout son mobilier présent et de tous les biens meubles qui pouraient lui advenir par succession ou donation. Donc, il n'y a de meubles *communs* que les acquêts, c'est-à-dire les meubles acquis au moyen de l'industrie commune ou des économies faites sur les fruits et revenus des biens propres.

Telle est la composition sommaire de l'actif mobilier de la communauté d'acquêts, d'après l'article 1498. Toutefois la volonté des parties pourrait y introduire des modifications. C'est le lieu de nous demander ici s'il serait possible d'admettre dans notre droit moderne une communauté d'acquêts réduite aux acquêts immobiliers, de telle façon qu'il n'y eût pas de meubles communs?

Ce régime est surtout usité en Normandie et sort des racines de l'ancien droit normand. En principe, la communauté n'y était pas admise; cependant, pour les héritages situés en bourgage, et aussi pour ceux du baillage de Gisors, l'article 329 de la coutume établit une sorte de communauté (1). Cet article est ainsi conçu : « La femme, après la mort du mari a la moitié en propriété des faits en bourgage constant le mariage, et quant aux conconquêts faits hors bourgage, la femme a la moitié en propriété au baillage de Gisors, et en usufruit au baillage de Caux, et le tiers par usufruit aux autres baillages et vicomtés. » Basnage reconnaît un droit de communauté dans ce droit de la femme quant aux conquêts faits en bourgage (2).

(1) Basnage, sur l'art. 389.
(2) V. Basnage, sur l'art. 329 et Ancienne coutume, chap. III.

De nos jours, l'usage de contracter une communauté d'acquêts immobiliers s'est développé, et ces conventions ont été validées par la jurisprudence. Sans doute, la composition de cette communauté dépend de la volonté arbitraire du mari, qui a intérêt à n'acquérir que des meubles; mais, à tout prendre, le sort de la femme est meilleur que sous le régime exclusif de communauté en usage en Normandie. En effet, la clause que nous étudions permet à la femme de retirer quelque utilité de la collaboration qu'elle prête à son mari. Elle n'est d'ailleurs, contraire à aucune des conditions essentielles de la communauté.

2. *Droits de la communauté d'acquêts sur certains objets mobiliers.* — La communauté d'acquêts comprend les droits de propriété artistique, littéraire et industrielle qui peuvent appartenir à l'époux sur des travaux contemporains du mariage. Elle n'a qu'un droit de jouissance sur les œuvres antérieures au mariage.

La part du trésor attribuée à un conjoint *jure inventionis* demeure propre, à notre avis, sous la communauté d'acquêts. En effet, ce n'est ni un produit de l'industrie, ni un revenu; le trésor ne peut donc se classer dans aucune des catégories indiquées par l'article 1498. Quant à la part attribuée *jure dominii*, elle ne rentre pas davantage dans chacune de ces catégories; nous n'hésitons pas à la considérer comme un propre.

L'office conféré gratuitement au mari doit être considéré comme un acquêt de communauté. En effet, l'office est attribué au titulaire en raison des titres qu'il présente à la confiance du gouvernement, en raison de ses études et de ses aptitudes personnelles. L'office peut donc être assimilé au produit de l'industrie du mari. Nous donnerons une décision analogue en ce qui concerne les gratifications accordées pour services rendus.

Snpposons qu'une femme mariée sous le régime de la communauté d'acquêts ait pris, avant le jour de son mariage, un billet de loterie avec lequel, plus tard, elle gagne un lot. Ce lot forme un propre à la femme; car, dirons-nous avec Pothier (1), la femme qui acquiert un billet de loterie, acquiert une créance conditionnelle du lot qui lui adviendra si son billet sort à la loterie.

Au cas où la femme aurait pris le billet postérieurement au mariage, il faudrait distinguer. Si la femme avait payé le billet des deniers communs (et elle sera présumée l'avoir fait), le lot serait un acquêt. Si le billet avait été payé au moyen de deniers propres à la femme, nous ne voyons pas en vertu de quel droit la communauté pourrait réclamer les sommes gagnées. En effet, il n'y a pas là un produit de l'industrie de la femme, ni un fruit de ses propres

II. *Clause de réalisation, d'apport, d'emploi.* — Le Code s'occupe successivement de deux clauses qui ont pour but de soustraire des meubles à la communauté : 1° la clause de réalisation directe; 2° la clause d'apport, qui produit la réalisation indirecte du mobilier.

1° *Clause de réalisation directe.* — Cette clause exclut de la communauté tout ou partie du mobilier, pour le réserver en propre aux conjoints. Doit-elle exercer

(1) Poth., 321.

quelque influence sur la composition du passif? c'est là une question controversée sur laquelle nous n'avons pas nous prononcer ici; nous nous occupons, en effet, de l'actif mobilier, et non pas du passif.

Il importe de remarquer que la clause de réalisation est restrictive de la communauté légale, qui forme en notre matière le droit commun. Par conséquent, elle doit recevoir une interprétation stricte et n'être pas étendue aux objets qu'elle ne comprend pas *in terminis*. Ainsi, lorsque l'un des conjoints a déclaré exclure de la communauté son mobilier futur, il faut attribuer la qualité de commun au mobilier présent. Si l'un des conjoints avait déclaré se réserver en propre tout ce qui lui adviendrait par succession, il ne faudrait pas faire tomber sous cette clause les meubles donnés ou légués. Enfin, de ce qu'un conjoint déclare exclure de la communauté tout son mobilier, il ne faut pas conclure que cette clause doive imprimer la qualité de propre au mobilier futur; il faut la restreindre au mobilier présent.

La clause de réalisation peut être unilatérale; il n'est nécessaire en aucune façon qu'elle émane de chaque époux. L'avantage de cette clause est de permettre de rétablir l'égalité entre un conjoint qui jouit d'une fortune mobilière considérable et un conjoint qui n'a point de bien mobilier; il suffit alors, pour atteindre ce but, que le conjoint riche de valeurs mobilières réalise tout ou partie de sa fortune.

2. *Clause d'apport.* — La clause d'apport est celle en

vertu de laquelle un des futurs époux, ou tous deux mettent en communauté telle ou telle partie de leur fortune mobilière. Il en résulte que le surplus est tacitement réalisé.

Les effets de cette clause peuvent varier suivant la manière dont elle est conçue et suivant les objets auxquels elle s'applique.

A. Les époux peuvent s'obliger à apporter tels ou tels effets mobiliers. A l'exception de ces effets, tout leur mobilier est alors réalisé comme s'il eût été l'objet d'une clause de réalisation expresse. Chaque époux est tenu de justifier de son apport et de garantir la communauté contre toute éviction.

B. Par la convention d'apport, les époux stipulent ordinairement qu'ils mettent du mobilier dans la communauté jusqu'à concurrence de telle somme. Tout le mobilier de l'époux tombe alors dans la communauté; mais l'époux demeure créancier de la communauté pour la valeur dont le mobilier excède la somme promise. C'est cette créance qui constitue le propre réalisé dans la personne de l'époux.

3. *Clause d'emploi.* — Enfin, le contrat de mariage stipule fréquemment que telle somme apportée par la future ou donnée à elle à l'occasion du mariage sera employée en achat d'immeubles ou de valeurs désignées. Les sommes qui sont apportées par la femme ou qui lui sont données avec stipulation d'emploi sont propres même

avant d'avoir été employées; il ne convient pas que la négligence du mari puisse jamais enrichir la communauté. C'est là une règle très-ancienne dans notre droit (1). Nous reviendrons plus tard sur ces clauses d'emploi, lorsque nous traiterons des restrictions qui peuvent être mises au droit d'administration conféré au mari sur les propres de sa femme. Il nous suffit de constater maintenant que, quand même l'emploi n'aurait pas été fait, la femme conserve en propre une créance en reprise.

(1) Paris, 93.-Niv. XXIII, 17.

CHAPITRE II.

A QUI APPARTIENNENT LES MEUBLES DE LA FEMME EXCLUS DE LA COMMUNAUTÉ.

Nous avons déterminé, dans le chapitre précédent, les causes qui donnent naissance à des propres mobiliers. Il convient de nous occuper maintenant de la situation de ces biens. Qui en est propriétaire? Telle est la question à laquelle nous allons nous efforcer de répondre dans ce chapitre.

Au premier abord, il semble étrange que cette question soulève de difficultés. En effet, un propre est un bien que la loi ou la convention des parties a soustrait à la communauté pour le laisser dans le patrimoine du conjoint qui en était propriétaire avant le mariage. Sans doute la qualité de propres de communauté s'applique plus généralement aux immeubles; mais elle est susceptible d'être imprimée aux meubles et de produire tous ses effets sur les meubles. Notre ancien droit l'admettait, avec certaines hésitations; à plus forte raison cela doit-il être admis dans le droit nouveau. En effet notre droit moderne ne fait plus des immeubles les biens de la famille, et des meubles, les biens transmissibles par excellence; cette distinction ne répond plus à notre état économique. D'ailleurs, quel est le but des clauses de réalisation et des autres stipulations analogues, si ce n'est de transformer fictivement, au point de vue de la communauté, certains meubles en immeubles, si bien qu'on eût pu appeler ces conventions clauses d'immobilisation, comme on a appelé les conventions inverses clauses d'ameublissement ? Or nul ne conteste à chacun des conjoints la propriété de ses immeubles propres. Il semble tout naturel qu'il en soit ainsi des meubles.

Peut-être le doute n'existerait pas en cette matière, si Pothier n'avait exprimé à deux reprises l'opinion que les propres mobiliers, à la différence des immobiliers, tombent dans la communauté, en ne laissant au conjoint qu'une créance en reprise de leur valeur (1). Voici d'ailleurs le passage principal de Pothier sur ce point :

« L'effet de la clause de réalisation est que les biens mobiliers des conjoints qui sont réalisés par cette clause sont réputés immeubles et propres conventionnels à l'effet d'être exclus de la communauté et d'être conservés au conjoint seul qui les a réalisés. »

« Il y a une grande différence entre les véritables immeubles qui sont propres réels de communauté et ces propres conventionnels. La communauté a la jouissance des immeubles réels qui sont propres de communauté; mais ils ne se confondent pas avec les biens de communauté; le conjoint à qui ils appartiennent continue, pendant le mariage, d'en être seul propriétaire, comme il

(1) Communauté, 325. Introd. à la C. d'Orl., 61.

l'était avant le mariage ; et, en conséquence, le mari ne peut aliéner les propres réels de communauté de sa femme sans son consentement; au contraire, les biens mobiliers réalisés ou propres conventionnels se confondent dans la communanté avec les autres biens mobiliers de la communauté, qui est seulement chargée d'en restituer, après la dissolution, la valeur à celui des conjoints qui les a réalisés; en conséquence, le mari, comme chef de la communauté, peut aliéner les meubles que la femme a réalisés. La réalisation de ces meubles et leur exclusion de communauté ne consiste que dans une créance de reprise de leur valeur . . . .
Le conjoint n'est pas créancier *in specie* des meubles réalisés, il ne l'est que de leur valeur. »

Pothier motive cette solution sur le principe que la communauté doit avoir la jouissance de tous les propres de chacun des conjoints.

« Les meubles réalisés étant les choses qui se consomment même par l'usage qu'on en fait, *quæ usu consumuntur*, ou du moins qui s'altèrent et deviennent de nulle valeur par un long usage, pour que la communauté en puisse avoir la jouissance, et en même temps pour conserver au conjoint qui les a réalisés quelque chose qui lui tienne lieu de son droit de propriétaire, il a été nécessaire d'abandonner à la communauté ces meubles réalisés et de donner au mari, chef de la communauté, le droit de les aliéner et d'en disposer, sans quoi, la communauté n'en pourrait pas avoir la jouissance; et de donner au conjoint qui les a réalisés, pour lui tenir lieu de son droit de propriété, une créance de reprise de la valeur des effets réalisés, qu'il aura le droit d'exercer contre la communauté, lors de la dissolution. Ceci est conforme aux principes du droit sur le quasi-usufruit. »

Cette doctrine a été reproduite sous le Code par plusieurs jurisconsultes que la jurisprudence a d'abord suivis. Le fondement de leur opinion est le passage de Pothier que nous venons de citer, et leur unique argument est l'argument de Pothier.

Avant de nous engager dans cette controverse, il convient d'en délimiter le terrain. Certains meubles tombent nécessairement dans la communauté, parce que, s'il en était autrement, le droit de jouissance de la communauté sur ces meubles deviendrait illusoire. Quant à ces meubles, nous nous rallions, avec tous les auteurs, à la décision de Pothier.

Nous trouvons l'énumération de ces objets mobiliers dans l'article 1851, en matière de société. La communauté n'étant qu'une société d'un genre particulier, il n'y a aucune témérité à appliquer en cette matière des règles communes à toutes les sociétés.

L'article 1851 établit diverses catégories de choses qui, mises dans la société pour la jouissance, deviennent cependant la propriété de la société :

1° Au premier rang de cette liste, figurent les choses qui se consomment par l'usage; ainsi les denrées, le vin, l'huile, et surtout l'argent comptant.

2° Les choses qui se détériorent en les gardant. Il ne faut pas interpréter ces mots dans un sens large, car le temps détériore plus ou moins tous les meubles corporels. Il s'agit des meubles que l'on ne peut conserver sans un grave préjudice, notamment des objets susceptibles de se corrompre ou de se gâter rapidement. Il y a lieu d'éviter le dommage qui serait causé par le séjour de ces objets dans la maison ou dans les magasins de la société. Il faut que la société puisse s'en défaire facilement.

3o Les choses destinées à être vendues. Ce sont les récoltes, les coupes de bois, les marchandises garnissant un fonds de commerce. Ces objets n'existent dans le patrimoine que pour être convertis en leur valeur pécuniaire.

4o Les choses mises dans la société sur une estimation portée par un inventaire. L'article 1851 confirme le principe traditionnel : En fait de meubles, estimation vaut vente. C'est là une règle générale qu'il ne faut pas restreindre au régime dotal; aussi l'appliquerons-nous sans hésitation en dehors de ce régime. Cette règle repose, en effet, sur une interprétation raisonnable de la volonté des parties : il est peu probable qu'elles aient envisagé un autre but en faisant l'estimation, alors surtout que l'estimation de tout le mobilier est faite en bloc. Toutefois, comme ce n'est, après tout, qu'une interprétation de la volonté des parties, si l'on pouvait établir clairement que les parties, en insérant au contrat de mariage l'estimation du mobilier, se sont proposé un but autre que la transmission de la propriété de ce mobilier, il faudrait, à notre avis, respecter leur intention. Mais, en général, il faudra présumer que les parties se sont proposé de transférer la propriété du mobilier (1).

Il est d'autres cas où, en vertu du contrat de mariage, tous les meubles tomberont en communauté, tandis que la femme gardera seulement une créance. Ainsi elle a stipulé qu'elle mettait son mobilier en communauté jusqu'à concurrence de 10,000 francs. Ce mobilier en vaut 15,000. La femme ne garde pas cependant la propriété de 5,000 francs de meubles individuellement déterminés; il est évident que les parties ne songent pas à distinguer ce qui, dans le mobilier, tombera en communauté, pour parfaire la somme promise et ce qui demeurera propre à la femme. La femme ne gardera qu'une créance de 5,000 francs, absolument comme si nous nous trouvions dans un des cas prévus par l'article 1851.

Tous les biens meubles qui, quoique frappés de la qualité de propres, tombent dans la communauté pour ne laisser qu'une créance aux mains de leur ancien propriéttaire, sont ordinairement appelés des *propres imparfaits*. Les propres *parfaits*, dont quelques-uns contestent l'existence, sont ceux qui demeurent la propriété du conjoint. Dans la suite de ce travail, nous laisserons de côté les propres imparfaits et nous nous attacherons seulement à suivre le sort de ces propres parfaits. Tout d'abord, nous allons en démontrer l'existence : aussi, après avoir déblayé le terrain, nous revenons à la controverse qui fait le sujet de ce chapitre, et n'ayant plus

(1) Cf. M. Labbé, note sur un arrêt de la Cour de cass., Sir., 78, I, 1.

en vue que les meubles non compris dans les catégories précédemment énumérées, nous affirmons cette proposition : que chacun des conjoints en demeure propriétaire.

On nous oppose le texte de Pothier, dont on essaie de représenter la doctrine. On argumente de l'article 1503, placé dans la section où il est traité « de la clause qui exclut la communauté en tout ou en partie. » Cet article est ainsi conçu :

« Chaque époux a le droit de reprendre et de prélever, lors de la dissolution de la communauté, la valeur de ce dont le mobilier qu'il a apporté lors du mariage ou qui lui est échu depuis excède sa mise en communauté. »

Voilà, dit-on, la consécration légale donnée à la doctrine de Pothier, qui est celle de l'ancien droit. Cet article est d'ailleurs corroboré par l'article 1428, qui donne au mari l'exercice des actions mobilières de sa femme. Or : « Qui habet actionem ad rem, rem ipsam habere vide-« tur. » C'est donc que le mari, par sa qualité de chef de communauté, est considéré comme propriétaire des meubles de la femme ; c'est donc que ces meubles sont tombés en communauté.

Nous ne croyons pas qu'il soit exact de dire que la doctrine de Pothier ait été universellement admise par les anciens jurisconsultes, par ceux surtout dont les opinions ont pesé de quelque poids sur les rédacteurs du Code civil : écoutons en effet Bourjon. Il pose d'abord le principe, et en celà, il nous paraît se rapprocher de l'opinion exprimée par Pothier. En matière de stipulation de propres, « le mari est débiteur *du prix*, non de la chose. » Mais, s'il donne cette solution, c'est qu'il suppose que les objets mobiliers stipulés propres avaient été estimés; c'est là, paraît-il, le cas le plus fréquent. Il ajoute : « Si les effets mobiliers étant stipulés propres n'ont pas été estimés, *ce qui serait singulier*, en ce cas, le mari, relativement à des tiers, en disposerait valablement, parce qu'en matière de meubles, la possession vaut titre ; mais en ce cas, il doit à sa femme la restitution du prix de ces choses, au dire de ceux qui les ont vues ; la stipulation de propres devant toujours entre eux produire son effet » (1).

Ainsi, pour Boujon, la vente du propre réalisé ne vaut, à l'égard du tiers que parce qu'il peut invoquer le principe : En fait de meubles, possession vaut titre. On sait combien Bourjon est respectueux de cette règle, que ses ouvrages ont si fort contribué à développer. Il restera donc à régler la question d'indemnité entre le mari et la femme dont le meuble stipulé propre a été vendu. Mais si l'on en est réduit là, c'est que les principes de Bourjon l'empêchent d'accorder en l'espèce l'action en revendication. Il n'eût pas eu besoin de motiver ainsi sa décision, si, en tout cas, la communauté fût devenue propriétaire du meuble réalisé.

Renusson est plus explicite : « Si la pratique d'un office, dit-il, a été stipulée propre, et qu'il n'y ait point eu d'estimation, en ce cas, c'est la pratique en soi qui est

1. Bourjon, Droit commun, tit. X, part. IV, chap. II, sect. 2, 12 et 13.

stipulée propre, et cette pratique en soi est capable d'augmentation et de diminution, d'accroissement et de décroissement, et elle appartient au mari ou à ses héritiers en l'état qu'elle se trouvera au temps de la dissolution du mariage » (1).

Renusson donne ensuite une décision analogue au sujet du troupeau stipulé propre : « S'il n'y a point d'estimation ni de nombre (de têtes) déterminé, et qu'il soit parlé dans le contrat de mariage, purement et simplement, d'un troupeau de mouton stipulé propre, ce sera le troupeau en soi, *tel et en l'état qu'il se trouvera*, qui sera propre. »

Enfin, Pothier lui-même admet, dans certains cas, que des meubles propres peuvent demeurer la propriété d'un des conjoints. Il se place dans l'hypothèse où un homme a fait abattre, durant son mariage, des arbres de haute futaie sur son héritage ou sur celui de sa femme. Ces arbres, n'étant point *in fructu*, « n'entrent pas dans la communauté légale, quoiqu'ils soient devenus meubles par la séparation du sol ; *ils appartiennent en propre* à celui des conjoints sur l'héritage duquel ils ont été coupés, qui peut, lors de la dissolution de la communauté, *ou les reprendre en nature*, si on n'en a pas encore disposé, ou lorsqu'ils ont été vendus, exercer la reprise du prix sur les biens de la communauté qni l'a reçu » (2). Ainsi voilà des meubles dont la propriété reste au conjoint, des meubles que le conjoint reprend en nature si

(1) Renusson, des Propres, chap. VI, § 3, n°s 10 et 11.
(2) Coummunauté, 96.

cette reprise est possible. Pothier n'admet donc pas que tous les meubles propres soient nécessairement des propres imparfaits.

De ce qui précède nous sommes en droit de conclure que la doctrine enseignée par Pothier au n° 325 du *Traité de la communauté* n'était pas universellement admise dans notre ancien droit. La tradition juridique n'est pas tellement unanime qu'elle puisse nous obliger à adopter une solution plutôt l'autre.

Ceci posé, il faut bien convenir, et cela n'a pas besoin d'être démontré, que notre doctrine répond mieux que celle de Pothier aux intentions des parties ou de la loi, dont la volonté a donné naissance à des propres mobiliers. Or, y a-t-il, dans les principes de notre droit moderne, quelque motif qui puisse paralyser l'effet de la convention ou de la loi en cette matière? Nous ne le croyons pas.

En effet, le droit de la communauté sur les propres, s'il ne peut exactement être appelé usufruit ressemble beaucoup au droit d'usufruit. Or, le Code admet que les meubles sont susceptibles d'un véritable usufruit. L'article 589 en donne les règles. L'usufruit s'applique aux choses qui, sans se consommer, se détériorent peu à peu par l'usage; l'usufruitier n'est obligé de les rendre que dans l'état où elles se trouvent lors de l'expiration de son droit, pour vu qu'elles n'aient point été détériorées par son dol ni sa faute. Quant aux meubles incorporels, l'usufruit des créances a toujours existé : on peut être usufruitier d'un fond de commerce, du droit reproduction d'un ouvrage, etc. Donc le droit de jouissance de la communauté sur les propres peut très-bien s'exercer conformément aux principes de l'usufruit, sans absorber la propriété.

Cela est si vrai que le Code a appliqué ses principes dens un régime matrimonial qui diffère peu de celui dont nous nous occupons. Il s'agit du régime d'exclusion de communauté. Sous ce régime, tous les meubles se trouvent dans la situation des propres mobiliers sous le régime de communauté, puisque le caractère de ces propres est d'être « exclus de la communauté ». Or, le mari (art. 1531) jouit de tous les meubles de la femme, sauf la restitution qu'il en doit faire après la dissolution du mariage ou après la séparation de biens. Il ne devient propriétaire que des choses dont on ne peut faire usage sans les consommer. Une solution tout aussi conforme aux principes en matière d'usufruit est admise par l'article 1566 en ce qui concerne les meubles qui font partie de la dot.

Enfin, l'article 560 du C. com., en matière de faillite, ne peut s'expliquer qu'autant que l'on considère la femme comme propriétaire des effets mobiliers exclus de la communauté. Cet article est ainsi conçu :

« La femme pourra reprendre en nature les effets mobiliers qu'elle s'est constitués par contrat de mariage ou qui sont advenus par succession, donation entre-vifs ou testamentaire, et qui ne seront pas entrés en communauté, toutes les fois que l'identité en sera prouvée par inventaire ou acte authentique. » Ce droit, qui est reconnu à la femme, ne s'explique que si elle est restéepropriétaire des effets mobiliers réalisés.

Il nous reste maintenant à répondre aux motifs invoqués par l'opinion adverse. Tout d'abord, Pothier s'est singulièrement mépris en prétendant que les meubles ne pouvaient offrir aucune utilité à qui n'aurait pas la faculté d'en disposer. C'est là une idée qui, peut-être, a été exacte à une époque primitive de notre droit, mais qui ne l'était plus au siècle dernier, et qui l'est bien moins encore de nos jours. Cela est si vrai que l'un des partisans de la doctrine dePothier, M. Rolland de Villargues, se refusait à ranger les meubles incorporels parmi les propres imparfaits, ces meubles ne courant aucune chance de dégradation (1).

L'argument tiré de l'article 1503 ne nous paraît pas non plus irréfutable. Sans doute cet article s'applique à des propres imparfaits ; mais, dans les articles qui le précèdent immédiatement, il est question de la clause en vertu de laquelle l'époux s'oblige à faire entrer son mobilier dans la communauté jusqu'à concurrence de telle somme. Or, nous l'avons déjà dit, comme on ne peut pas distinguer dans les effets mobiliers ceux qui doivent tomber dans la communauté de ceux qui en doivent être exclus, il faut bien considérer tous les meubles comme communs, sauf le droit de créance qui appartient au conjoint pour l'excédant de la valeur de son mobilier sur l'apport qu'il avait promis. L'article 1503 donne donc une

(1) V° Réalisation.

solution imposée par la force des choses, et qui ne contredit en rien notre théorie.

Reste l'argument tiré de l'article 1428 et de la maxime : *Qui habet actionem*... Mais l'article 1428 s'occupe des droits du mari considéré comme administrateur des propres de sa femme. Ce n'est pas un fait extraordinaire, dans notre droit, que l'administrateur des biens d'autrui puisse exercer seul les actions mobilières de celui qu'il représente. Le tuteur est dans ce cas, il n'est pas pour cela propriétaire des meubles.

Nous croyons avoir démontré suffisamment notre proposition ; il nous reste à en déduire les conséquences :

1° La femme, demeurant propriétaire de ses propres mobiliers, profite des accroissements de valeur et demeure chargée des risques de perte. Ainsi, lorsque le débiteur d'une créance propre devient insolvable pendant la communauté, c'est la femme qui supporte cette insolvabilité, sauf son recours contre le mari, au cas où la responsabilité de ce dernier serait engagée (1). — La femme pu a se réserver en propre un fonds de commerce. Or, on peut supposer que, pendant la communauté, ce fonds de commerce a reçu une plus-value considérable, par suite de la bonne gestion du mari. Cette plus-value doit-elle être considérée comme un propre, ou doit-elle être attribuée à la communauté comme produit de l'industrie d'un des conjoints ? Nous pensons qu'elle doit être considérée comme un propre ; en effet, elle n'est que l'accessoire du

(1) Req. 3 juin 1836, Dall., 36, I, 356. — Req. 16 juillet 1856. Sir., 56, I, 865.

fonds de commerce, qui est la chose principale. *Accessorium sequitur principale.* D'ailleurs, si l'établissement commercial apporté par la femme a prospéré, la communauté a profité de l'augmentation de bénéfices; on ne peut donc dire que les efforts du mari n'ont pas été récompensés.

2° La femme, dont le mobilier propre a été saisi par les créanciers de la communauté ou du mari, peut revendiquer ses meubles dans la forme prescrite par l'article 608, C. pr. Toutefois elle devra fournir les justifications exigées par l'article 1510. C'est là un point sur lequel nous reviendrons.

En vertu de notre règle, les créanciers de la communauté ne peuvent saisir entre les mains de l'acheteur le prix de la vente d'un immeuble propre de la femme. En effet, cette créance, acquise en échange d'un propre, est elle-même un propre. Ce n'est qu'au jour où l'on arrive au paiement que les deniers payés, en leur qualité de, choses fongibles, tombent dans la communauté, pour ne laisser à la femme qu'un droit à la récompense.

3° Enfin, à la dissolution de la communauté, la femme reprendra comme propriétaire ses propres mobiliers. Elle ne pourra être forcée d'accepter de l'argent à la place de ses propres, ni obliger son mari à lui fournir de l'argent aux lieu et place des meubles existant. Elle est propriétaire et subit toutes les conséquences de cette situation. Ce droit est sanctionné par une action en revendication dont nous nous occuperons dans un des chapitres suivants.

CHAPITRE III.

DE LA GESTION DE LA FORTUNE MOBILIÈRE PROPRE A LA FEMME PENDANT LA DURÉE DE LA COMMUNAUTÉ

—

Division : Section I. Qui peut aliéner les meubles propres de la femme. — Section II. Droits et pouvoirs du mari comme administrateur. — Section III. Responsabilité du mari. — Section IV. Droits du mari à raison de la jouissance qui lui appartient comme chef de la communauté. — Section V. Quand finit le droit du mari.

—

SECTION I. — QUI PEUT ALIÉNER LES MEUBLES PROPRES DE LA FEMME.

Nous avons démontré que la propriété des propres mobiliers reste fixée sur la tête de chacun des conjoints et ne passe pas à la communauté. Toutefois la fortune personnelle de la femme, dont nous allons nous occuper exclusivement, est soumise à l'adm instration du mari chef de la communauté. Quels droits confère au mari cette qualité? c'est ce que nous devons examiner.

1.— Qu'est-ce que l'administration? C'est selon nous, l'ensemble des actes par lesquels une personne fait produire à un patrimoine les fruits et les revenus qu'il est susceptible de procurer, tout en en conservant la substance. L'individu investi du simple pouvoir d'administrer la fortune d'autrui est donc tenu de respecter la composition du patrimoine; il ne peut substituer d'autres biens à ceux qu'il y trouve, il ne peut modifier l'économie générale de la fortune, transformer une fortune mobilière en fortune immobilière réciproquement. Il n'a pas à constituer le patrimoine, il doit se borner à le conserver. Il peut être comparé (C. civ., art. 125) à un dépositaire qui serait chargé d'entretenir en bon état les choses déposées, sans pouvoir les aliéner.

Il est facile d'apercevoir la différence profonde qui existe entre l'acte de disposition et l'acte d'administration. Il est encore facile de comprendre qu'en droit naturel, l'aliénation des meubles doit, en général, être considérée comme un acte de disposition, interdit comme tel à l'administrateur de la fortune d'autrui.

Cette solution s'imposerait au jurisconsulte, s'il ne se laissait égarer par les souvenirs de l'ancien droit. Autrefois la vente d'un meuble était un acte d'administration, parce que c'était un mode de jouissance. Mais nous avons vu que cette décision tenait à un état économique et législatif qui a disparu. La cause s'étant évanouie, l'effet ne doit pas lui survivre. Les principes doivent donc reprendre leur empire. Or, y a-t-il un texte du Code qui soit contraire à ces principes?

Il est incontestable que les rédacteurs du Code ont été profondément imbus de la distinction traditionnelle entre meubles et immeubles. Et cependant, ils n'ont point abandonné la vente des meubles à la volonté arbitraire de l'administrateur de la fortune d'autrui. Les textes, par suite d'une regrettable omission, ne s'occupent que des meubles corporels; la vente de ces meubles, faite dans certaines conditions, est considérée comme une mesure conservatoire de la fortune que l'administrateur devra restituer un jour. Aussi la loi ordonne-t-elle cette mesure ou permet-elle aux tribunaux de l'ordonner. Mais elle ne reconnaît pas à l'administrateur le droit de décider, de sa propre autorité, s'il y a lieu de procéder à la vente de meubles corporels qui appartiennent à un tiers.

Le Code s'occupe de trois de ces administrateurs : l'envoyé en possession provisoire (art. 126); le tuteur (art. 452); le mari (art. 1428). En ce qui concerne le mari, l'article 1428 est absolument muet sur la question des aliénations de meubles; il se borne à interdire au mari d'aliéner seul les immeubles propres de la femme. Mais, comme l'article 1428 est placé dans la matière de la communauté légale, régime où les propres mobiliers constituent une exception très-rare, on ne peut tirer d'argument du silence de l'article 1428; on ne peut dire : la loi ne défend au mari que l'aliénation des immeubles; donc l'aliénation des meubles lui est permise.

Quant aux articles 126 et 452, je dis : 1° qu'ils ne se rapportent qu'aux meubles corporels; 2° qu'ils ne reconnaisent pas à l'administrateur le droit de les vendre.

C'est une idée bien ancienne dans le droit français que celle de considérer la vente des meubles comme une mesure conservatoire de la fortune. Les meubles, j'entends les meubles corporels, types des meubles dans l'ancien droit, sont sujets à se détériorer : en général, il est plus avantageux de les transformer en deniers que l'on emploiera en placements sûrs. Garder des meubles, c'est perdre de l'argent. De là, l'article 102 de l'ordonnance de 1561, qui impose au tuteur l'obligation de vendre les meubles.

De là, encore l'article 452, qui reproduit cette obligation dans le droit nouveau. Le texte de cet article manifeste bien qu'il s'agit de meubles corporels : «Le tuteur fera vendre tous les meubles autres que ceux que le conseil de famille l'aurait autorisé à conserver en *nature.* » D'ailleurs si l'on peut comprendre l'utilité de la vente des meubles corporels, il serait difficile de justifier l'obligation de vendre les meubles incorporels. A moins de refuser au mineur le droit d'avoir dans son patrimoine des valeurs mobilières, il faudrait admettre que le prix des valeurs vendues pourrait être replacé en valeurs nouvelles; dès lors à quoi bon la première vente? Nous savons que l'exposé des motifs de la loi du 23 mars 1806 et un discours de la discussion préparatoire de cette loi temoignent que, en 1806, on a cru que l'article 452 s'appliquait aux meubles incorporels. Mais c'est là une interprétation individuelle, qui n'a pas le caractère législatif et qui ne peut prévaloir contre des considérations tirées de l'origine du texte et de l'esprit de la loi.

L'article 126-2° s'exprime ainsi : « Le tribunal ordonnera, s'il y a lieu, de vendre tout ou partie du mobilier. Dans le cas de vente, il sera fait emploi du prix, ainsi que des fruits échus. »

Cet article établit une mesure conservatoire, moins strictement imposée, mais de même nature que celle de l'article 452. On aperçoit le but de la loi : remplacer des valeurs périssables par des valeurs permanentes : *il sera fait emploi du prix*. L'article 126 se rapporte donc aussi à des meubles corporels.

2. Nous avons vu, dans les textes que nous venons de citer, des administrateurs obligés par la loi ou le juge à vendre les meubles corporels (1). Rien ne nous autorise à reconnaître à ces administrateurs le droit de vendre de leur propre autorité des meubles corporels. En vain voudrait-on attribuer ce droit au tuteur en vertu de l'article 457, à l'interprétation duquel on applique le principe : *Inclusio unius est exclusio alterius*. Il est vrai, l'article 457 refuse au tuteur le pouvoir d'aliéner à lui seul les immeubles et ne parle pas des meubles. Mais pourquoi? Le Code vient de s'occuper des meubles correls; le sort en a été réglé; en vertu de l'article 452, ils sont vendus, sauf ceux que le tuteur a été exceptionnellement autorisé à conserver. Quant aux meubles incorporels, le législateur n'y a pas pensé. Il est arrivé souvent dans la confection du Code, que le législateur a négligé les valeurs mobilières; il avait, en effet, sous les yeux les monuments de l'ancien droit, qui gardaient le silence sur cette catégorie de meubles, pour des motifs que nous connaissons. Nous pourrions reproduire cette observation au sujet des articles 126 et 128. Donc nous avons le droit de conclure : le Code se tait en ce qui concerne les

(1) Cf. art. 470, C. com.

meubles incorporels. Il ne suppose pas que la question de savoir s'il faut aliéner les meubles corporels puisse être soulevée à un autre moment qu'au début de la tutelle.

Le droit de vendre des meubles appartient à la vérité à la femme séparée de biens et à l'héritier bénéficiaire; mais, ici, remarquons qu'il ne s'agit plus d'administrateur de la fortune d'autrui. Encore, en ce qui concerne l'héritier bénéficiaire, il est soumis aux formalités habituelles de cette vente de meubles qui a un but conservatoire; la différence qui le sépare du tuteur, c'est qu'il peut à son gré vendre ou ne pas vendre.

Les textes du Code ne permettent donc pas de considérer l'administrateur de la fortune d'autrui comme autorisé à aliéner ou à engager les objets mobiliers. Les principes généraux nous imposent la doctrine contraire. De plus, la loi du 23 mars 1806 permet au tuteur d'aliéner, par exception, certains meubles incorporels de peu d'importance; elle ne lui reconnaît donc pas ce droit d'une manière générale. Donc l'aliénation des meubles n'est pas un acte d'administration.

Nous n'avons plus qu'à tirer de cette doctrine générale la conséquence spéciale à notre sujet : le mari ne peut, à lui seul et sans le concours de sa femme, aliéner les propres mobiliers de la femme.

Mais aussitôt on nous oppose une objection spéciale tirée de l'article 1428. Cet article, dit-on, confère au mari le droit d'exercer les actions mobilières de la femme ; or : « Qui habet actionem ad rem recuperandam rem ip-

« sam habere videtur. » On en conclut que l'article 1428 reconnaît implicitement au mari le droit d'aliéner les propres mobiliers.

Nous pensons qu'il ne faut pas pousser aussi loin l'application de la maxime : *qui habet actionem.* Autre chose est poursuivre en justice ce qui nous appartient, autre chose est l'aliéner; il y a loin de la revendication à l'aliénation. L'action en justice est en général un acte qui a pour but de conserver la fortune; l'aliénation a un but directement opposé. Celui qui agit en justice s'expose sans doute, mais il ne se propose jamais de faire sortir un bien de son patrimoine; le contraire est vrai de celui qui aliène. On comprend que la loi permette plus facilement d'agir en justice que d'aliéner. C'est ce qu'elle fait en matière de tutelle. Il suffit au tuteur, pour intenter une action immobilière, de la seule autorisation du conseil de famille; il lui faut, de plus, l'homolagation du tribunal pour aliéner un immeuble.

Enfin, nous ferons sur ce point une dernière observation; l'administration du mari ne sera pas entravée par la règle qui lui refuse le droit d'aliéner. En effet, s'il ne peut aliéner seul, le véritable propriétaire est là, auprès de lui, et peut toujours aliéner; il n'a donc qu'à faire intervenir sa femme. Peut-être, il est vrai, la femme refusera-t-elle d'aliéner ses biens propres, et alors l'intérêt de la communauté sera sacrifié, si la femme, par exemple, s'obstine à garder des valeurs improductives. Ce résultat est regrettable, nous l'avouons; mais faudrait-il admettre la communauté, qui n'a qu'un droit de jouissance, à changer el fond du droit pour mieux assurer assurer cette jouissance? Le droit du propriétaire prime le droit de l'usufruitier.

Donc, en dehors des exceptions énumérées par l'article 1851, que nous avons rappelées au précédent chapitre, nous nous refusons à voir dans l'aliénation des meubles corporels un acte d'administration. Nous nous refusons à voir un acte d'administration dans l'aliénation des meubles incorporels, même lorsque les meubles sont de valeur telle qu'ils puissent être aliénés par le tuteur. C'est là, en effet, un pouvoir extraordinaire confié au tuteur par une loi spéciale, pouvoir qui ne découle pas de son mandat général d'administrer. Jusqu'à ce qu'un texte n'ait généralisé ce droit spécial, nous nous en tiendrons aux principes du droit commun. Or, jusqu'ici, un avis du Conseil d'Etat a étendu à l'héritier bénificiaire les dispositions de la loi de 1806, mais aucun document législatif ne s'est occupé du mari.

Si l'aliénation d'un meuble n'est pas, en principe, un acte d'administration, faut-il lui attribuer ce caractère, lorsqu'elle est faite en vue de procurer à l'administrateur les ressources qui lui sont nécessaires pour l'accomplissement de sa mission. Par exemple, peut-il vendre des valeurs mobilières pour se procurer la somme nécessaire à la réparation d'un immeuble? Nous ne le croyons pas. Si le motif qui détermine l'acte d'aliénation devait être pris en considération, il n'y aurait pas de bonne raison pour ne pas reconnaître à l'administrateur, dans le cas de nécessité, le droit de vendre les immeubles aussi bien que les meubles. Or nous ne pensons pas que l'on puisse aller jusque là. Sans doute l'administrateur peut s'obliger dans les limites de la mission qui lui est confiée; c'est là une condition nécessaire pour qu'il puisse s'en acquitter. Mais, tandis que l'obligation est un fait nécessaire et quotidien, l'aliénation est une mesure exceptionnelle, pour laquelle il conviendra de faire intervenir le nu-propriétaire, c'est-à-dire la femme. Le mari déchargera sa responsabilité, en lui signalant la nécessité où elle se trouve d'aliéner. D'ailleurs, il pourrait être dangereux de permettre au mari d'apprécier lui-même les motifs qui devaient déterminer l'aliénation. En outre, quelle sécurité pourraient trouver les tiers dans des contrats passés dans ces conditions?

En résumé, le mari peut être, à notre avis, assimilé à un mandataire qui aurait reçu un mandat général d'administrer. A cette idée de l'administrateur, il en faut ajouter une autre : le mari a, comme chef de la communauté, la jouissance des meubles propres. Administration et jouissance, tels sont les éléments dont nous aurons à tenir compte pour déterminer la situation juridique du mari. Remarquons que ces deux droits sont irrévocables, la femme ne peut les lui enlever. Ainsi, selon nos principes, la femme peut bien aliéner les meubles propres avec l'autorisation de justice, lorsque le mari lui refuse la sienne; en effet, elle ne touche point à l'administration du mari, qui ne comporte pas le droit d'aliéner. Mais elle ne peut, par cette aliénation, altérer le droit de jouissance, qui demeure au mari dans son intégrité, si l'on ne se trouve dans un des cas exceptionnels prévus par l'article 1427.

SECTION II. — POUVOIRS DU MARI. — LEUR LIMITE.

Nous étudions maintenant les actes du mari administrateur, et nous cherchons à déterminer la limite de ses droits.

1. Le mari ne peut aliéner, ni engager les meubles propres (nous ne parlons pas ici des meubles dont il est devenu propriétaire, en vertu de l'article 1851).

2. Le mari peut recevoir le paiement des créances. Sans doute, d'après les principes romains, ce fait paraît avoir été considéré comme une aliénation, au moins en ce qui concerne le créancier dont le droit s'anéantissait. Telle est l'interprétation qu'on donne généralement de la loi 15, D., *de solut.*: « Pupillo solvi sine tutoris auctoritate « non potest. Sed nec delegare potest; quia nec alienare « rem ullam potest ». Peut-être pourrait-on faire observer que la dernière incidente : « quia nec alienare rem ullam potest » se rapporte uniquement à la capacité de déléguer; or la délégation peut se faire par le moyen de la *procuratio in rem suam*, qui est une véritable cession de créances, une véritable aliénation. Entendu dans ce sens, le texte romain pourrait être admis dans notre droit moderne.

Nous pourrions d'ailleurs invoquer la notion romaine de *procurator*, auquel est confiée l'administration générale:

« Cui omnium negotiorum administratio mandata est (1). » A celui-là le paiement peut être fait, sans constestation aucune. Au surplus, disons-le une fois pour toutes, la distinction entre les actes de disposition et les actes d'administration n'a pas une origine romaine, elle vient en droite ligne du droit coutoumier. Ce sont nos coutumes qui, en se préoccupant d'assurer la conservation des biens dans les familles, ont été amenées à introduire une ligne de démarcation profonde entre l'acte qui conserve le patrimoine et l'acte qui le transforme. Les Romains, en particulier les jurisconsultes classiques, n'ont jamais appliqué cette règle d'une manière générale; ils n'ont pas connu cette idée précise de l'administration opposée à la disposition. Aussi est-ce dans les traditions coutumières, et non dans les traditions romaines, que nous devons chercher les solutions en cette matière, et cette observation s'applique avec plus de force encore lorsqu'il s'agit des règles de la communauté, règles produites uniquement par le développement de la coutume. Or la tradition coutumière est unanime à reconnaître à l'administration le droit de recevoir les paiements. Recouvrer les capitaux aliénés, c'est là un acte conservateur de la fortune, acte qui, par conséquent, est de la compétence de l'administrateur. L'article 471 du Code de commerce permet aux syndics, qui ne sont que des administrateurs, de réaliser les créances du failli. D'ailleurs, on n'a jamais constesté au tuteur et à l'ad-

(1) 12, pr. D., *de solut.*

ministrateur provisoire des biens d'un absent le pouvoir de donner, eux seuls, valablement quittance des créances comprises dans le patrimoine dont l'administration leur est confiée.

Donc le mari peut, à lui seul, donner quittance des créances propres de sa femme.

3. Le mari peut-il accorder des délais aux débiteurs de la femme? Logiquement, il faudrait lui refuser ce droit; mais cette solution rigoureuse entraînerait de graves inconvénients pratiques. Il faudra donc reconnaître au mari le droit d'accorder des délais modérés; les tribunaux apprécieront si la concession du délai peut être estimée un acte de bonne administration.

4. — Le mari peut-il consentir une novation sur la créance propre de la femme? A ne consulter que les principes généraux du droit romain, l'affirmative ne saurait être douteuse. *Cui recte solvitur is etiam novare potest* » (1), dit Paul. Cette règle subit même à Rome, des exceptions; on n'osa point l'appliquer d'une manière absolue (2). Nous croyons que l'art. 1272, sainement interprété, doit faire considérer la novation comme un acte de disposition. « La novation, dit cet article, ne peut s'opérer qu'entre personnes capables de contracter. Cette décision ne nous étonnera pas, si nous considérons que la

(1) 10, D., XLVI, 2.
(2) L. 23 et 25, D., *ibid*.

novation se décompose en deux actes : l'extinction de la première créance et la naissance d'une nouvelle obligation; or la première créance ne peut être éteinte que par une renonciation du créancier, renonciation dont l'administrateur est incapable.

5. — L'administrateur ne peut disposer à titre gratuit, c'est là un principe incontestable. Il n'est fait d'exception que pour les menus présents imposés par l'usage dans certaines circonstances. Nous ne reconnaîtrons donc pas au mari le droit de faire remise des créances de sa femme. Cette solution doit être étendue aux accessoires des créances, hypothèques, cautionnements. Le mari ne peut y renoncer; ce n'est pas là un acte de conservation. Nous ne croyons pas qu'il puisse même renoncer à un terme stipulé en faveur du créancier.

6. — Il est un acte qui porte extérieurement le caractère d'une remise: c'est le vote d'un concordat. Cependant, à le bien analyser ce n'est pas une remise; car, quand un créancier accepte un concordat lui attribuant 25 0/0, il ne remet pas 75 0/0. Cette part de la dette est perdue, que le créancier y consente ou n'y consente pas. Donc ce n'est pas en considérant le concordat comme une remise qu'on peut enlever à l'administrateur le droit d'en voter l'acceptation.

Mais une autre considération nous amène à cette solution. L'administrateur ne doit pas se livrer à des opérations entraînant des chances de perte pour le capital. Or le concordat est une opération qui présente des dangers pour les. créanciers. Si le failli tient ses promesses, les créanciers toucheront, à la vérité, un dividende plus fort qne celui que leur aurait apporté l'union. Mais c'est là une éventualité qui bien souvent ne se réalise pas; alors les créanciers ne touchent rien, où touchent un dividende inférieur à celui que leur aurait donné l'union. Aussi refuserons-nous au mari le droit d'accepter un concordat dans une faillite où sa femme interviendra comme créancière, si la créance appartient en propre à la femme. Le concordat ne pourra être accepté que par la femme assistée de son mari.

A plus forte raison, le mari n'a pas le pouvoir de voter au concordat, lorsque la créance propre est munie d'hypothèques ou de privilèges. En effet, le vote, s'il était valable, entraînerait renonciation à ces sûretés.

7. — Lorsque le mari est débiteur d'un tiers contre lequel sa femme a une créance propre, la compensation légale ne produit pas son effet. Le mari n'est pas *dominus* de la créance; la femme en reste propriétaire *in specie*. Or, la compensation ne peut se produire que lorsque les deux obligations qui se doivent respectivement détruire lient les mêmes personnes juridiques. Cette condition, faisant défaut dans notre espèce, les deux créances continuent d'exister. Tout ce qu'on peut accorder, c'est que le mari oppose la créance de sa femme à son créancier propre par la voie de la compensation facultative. Si cette exception est admise, le mari est considéré comme ayant reçu le paiement de la créance de sa femme, envers la-

quelle il devient débiteur du montant de la somme opposée en compensation.

8. — Le mari ne peut aliéner les créances propres de sa femme. C'est à une conséquence directe des principes que nous avons essayé d'établir. Nous n'y reviendrions pas, si nous n'y étions contraint par la nature spéciale de quelques titres de créances : nous voulons parler des titres au porteur.

A. La conversion des titres nominatifs en titres au porteur est-elle un acte d'administration? Nous ne le croyons pas, malgré les autorités considérables qui militent en sens contraire. Cette opération, en effet, dénature la fortune; elle en change la condition. Elle cause un danger grave par la facilité qu'elle procure aux aliénations; elle est, d'ailleurs, motivée le plus souvent par l'intention d'aliéner. La loi fiscale considère la conversion comme un acte de disposition, puisqu'elle ordonne de percevoir, en ce cas, le droit de transmission(1) (Loi du 20 juin 1857, art. 8, 2°).

L'ordonnance du 29 avril 1831 refuse d'admettre qu'on puisse convertir en titres au porteur les inscriptions représentant les fonds des majorats, des établissements publics et religieux, des caisses de retraite, les fonds produits par la vente des biens aliénés à charge de remploi, les fonds qui proviendront de constitutions dotales, qui appartiendront à des mineurs ou à des pro-

(1) Jozon, Revue du Notariat, 4022.

priétaires absents. Le décret du 15 juin 1864 déclare que les titres nominatifs avec coupons aux porteurs ne pourront être délivrés qu'aux rentiers ayant la pleine et entière disposition de leurs inscriptions. C'est l'application du principe en vertu duquel nous exigerons le concours de la femme dans l'opération de la conversion.

Nous allons même jusqu'à refuser au mari le droit d'aliéner des titres au porteur appartenant en propre à la femme. Sans doute, cette règle sera le plus souvent dépourvue de sanction. Mais, au moins, il y a là un excès de pouvoir qui engage la responsabilité du mari. Ainsi, par exemple, les numéros des tit es apportés par la femme ont été indiqués au contrat de mariage, et ces titres ne se retrouvent plus à la dissolution, quoique la femme n'ait jamais consenti à les aliéner. Le mari devra indemniser la femme du préjudice qui pourrait lui en résulter.

9. — Supposons que la femme se soit réservé en propre la propriété littéraire ou artistique d'œuvres composées par elles ou par ses auteurs. Quels seront les droits du mari administrateur et usufruitier de cette va-

(1) Contra, Cass. ch. civ., 4 août 1873. — Sirey, 1873, I, 441. — On oppose à notre opinion la généralité de l'art. 8 de la loi du 23 juin 1857, sur les titres au porteur : « Tout propriétaire d'actions et d'obligations a toujours la faculté de convertir ses titres au porteur en titres nominatifs, et réciproquement. » — Nous croyons que l'objection ne porte pas ; car la loi, en statuant sur les droits conférés à un propriétaire, s'occupe du propriétaire capable de disposer, et ne se propose pas de trancher les questions de capacité.

leur? Quels sont ceux d'un usufruitier, en nature de propriété artistique et littéraire ?

1° *Administration.* — Aucune difficulté sérieuse ne s'élève lorsqu'il s'agit d'un acte de cession totale. Il y a là, évidemment, un acte de disposition.

La question est plus délicate lorsque le traité ne porte que sur une seule édition ; cet acte engage l'auteur pour un temps plus ou moins long, peut-être pour toujours, car, combien d'œuvres n'arrivent pas à une seconde édition ! Les baux engagent aussi le droit du propriétaire ; mais, en cette matière, les art. 1429 et 1430 contiennent une règle fixe qui nous fait ici défaut. Nous sommes obligé de nous arrêter à une décision qui s'applique indistinctement à tous les actes de cession partielle, puisqu'on ne peut jamais prévoir à l'avance pour combien de temps ces cessions épuisent le droit. Aussi croyons-nous plus prudent de traiter la cession du droit à une édition comme un acte de disposition. Il en résultera peut-être, dans certains cas, un excès de protection ; mais, en cette matière, il vaut mieux pécher par excès.

2° *Usufruitier.* — L'usufruitier d'un droit de propriété littéraire et artistique gagne, à notre avis, les produits de l'exploitation de ce droit pendant la durée de l'usufruit. Or, il ne peut exploiter ce droit qu'en le cédant. Il faut donc l'admettre à conclure des traités de cession. Mais la cession du droit d'auteur, consentie par l'usufruitier, ne peut produire d'effet après l'extinction de l'usufruit; dès que le droit est éteint, le cessionnaire ne peut plus s'en prévaloir. Donc, les droits du cessionnaire ne pourront jamais dépasser la durée de l'usufruit.

Je conclus de ces principes :

1° Que la femme qui a un droit d'auteur en propre n'est pas valablement représentée, quant à la cession de ce droit, par le mari agissant seul, en vertu de ses pouvoirs d'administration générale.

2° Que la femme devra pourtant respecter les traités ainsi consentis par le mari, au moins dans une certaine mesure, si elle accepte la communauté, parce qu'elle assume par là même l'obligation de garantie.

3° Qu'en dehors de ce cas, les traités consentis par le mari ne peuvent avoir d'effet après l'expiration de son droit de jouissance, c'est-à-dire après la dissolution de la communauté. La femme renonçante reprend le libre exercice de son droit.

10. — Toutes les règles que nous venons d'énumérer partent, on l'a vu, d'un principe commun : le mari ne peut disposer. Quelle sera la sanction de ce principe ? En d'autres termes, quelles seront les conséquences d'un acte de disposition tenté par le mari sans le concours de la femme ?

1° La femme, véritable propriétaire, a une action en revendication de son meuble vendu. Cette action sera souvent paralysée : A. par l'exception tirée de l'art. 2279 ; — B. par l'exception de garantie, au cas où la femme accepte la communauté.

2o Le mari vendeur peut-il agir ? Il faut distinguer deux personnes chez le mari : A. il a sa propre personnalité ; B. il est le représentant légal de sa femme, en ce qui concerne les actions mobilières. — *A*. De son chef, il ne peut attaquer la vente consentie par lui. Pour nous, en effet, la vente de la chose d'autrui n'est pas frappée de nullité absolue. Que l'art. 1599 fasse de cette circonstance de nullité relative ou une cause de résolution, nous ne croyons pas que le vendeur puisse l'invoquer contre l'acheteur.

Du chef de sa femme, le mari ne pourra pas agir davantage. Car, même au cas où l'art. 2279 ne serait pas applicable, la femme pourra être tenue de la garantie, si elle accepte la communauté ; or, l'acceptation doit être présumées plutôt que la renonciation. Si l'on admet que l'obligation de garantie est divisible, le mari, au nom de sa femme, pourra revendiquer pour moitié la chose vendue.

3o L'acheteur peut invoquer la nullité de la vente. Nous lui reconnaissons cette faculté, même alors qu'il est couvert par l'art. 2279. « L'acheteur a dû compter que le vendeur lui livrerait une chose qu'il pût conserver sans scrupule de conscience » (1). Le vendeur ne peut le contraindre ainsi à invoquer une règle exorbitante.

11. — Ee mari, comme administrateur, a le droit de louer les meubles propres de la femme. En matière immobiliére, les art. 1429 et 1430 restreignent ce droit de telle

(1) Colmet de Santerre, cours de Code civil, t. VII, 28 *bis*, XIX.

façon que le bail contracté pour une durée supérieure à neuf ans n'est plus considéré comme un acte d'administration. Faut-il appliquer ces règles aux locations de meubles propres de la femme, à la location d'un établissement de bains sur bateaux, par exemple ? Nous ne le croyons pas. Les art. 1429 et 1430 sont écrits pour des immeubles ; ils sont inspirés par la pratique habituelle en matière immobilière. Les meubles se détériorent par l'usage, et souvent ils ne comportent pas une location aussi prolongée. Ici encore, il faudra s'inspirer des circonstances et décider, suivant la nature de l'objet loué et suivant la durée du bail, s'il faut voir dans le bail un acte d'administration ou un acte excédant les pouvoirs de l'administrateur.

12. — Des donations et des legs d'objets mobiliers peuvent être adressés à la femme mariée, donations ou legs qui, par l'effet du contrat de mariage ou par la volonté du disposant, sont destinés à demeurer propres. Nous ne pensons pas que le mari puisse, à lui seul, accepter une donation d'objets mobiliers offerte à la femme dans ces conditions ; c'est un pouvoir que l'art. 463 refuse au tuteur. Nous croyons que, pour toute donation, n'emportât-elle aucune charge, le donataire doit examiner personnellement les motifs qui peuvent le déterminer à accepter ou à refuser. Il se pourrait que de hautes raisons de convenance ne permissent pas à la femme d'accepter la donation ; il n'appartient pas au mari d'enchaîner sur ce point la volonté de la femme.

13. — Quant au legs, il ne s'acquiert point par l'effet

d'une acceptation formelle (1). Le legs confère au légataire, dès le jour du décès, un droit acquis à la chose léguée. Dès lors, l'action en délivrance n'est plus qu'une action mobilière que le mari trouve dans le patrimoine de sa femme et qu'il doit exercer, le cas échéant. Nous ne lui reconnaîtrons pas le droit de répudier le legs; car ici, il y a une décision à prendre, et cette décision doit émaner de la volonté personnelle de la femme.

14. *Actions.*— L'art. 1428-2o règle ce qui concerne les actions :

« Le mari peut exercer seul toutes les actions mobilières... qui appartiennent à la femme ».

Ainsi le mari est, de par la loi, le représentant de la femme; il peut, et même il doit intenter les actions mobilières. Il s'agit ici des actions mobilières qui font partie du patrimoine propre de la femme; car l'art. 1428 ne s'occupe que des « biens personnels de la femme ». Il était évidemment inutile de dire que le mari pouvait intenter les actions mobilières fondées sur un droit appartenant à la communauté; et, en tous cas, ce n'eût pas été dans l'art. 1428 qu'il eût fallu placer cette règle.

Le mari peut agir. Ce qui est jugé sur son action profite à la femme et lui est opposable. Il faut toutefois réserver ce cas où le mari est en collusion avec la partie contre laquelle il plaide; la femme pourra alors agir par la voie de la tierce-opposition, afin de faire tomber le jugement qui pourrait lui porter préjudice.

(1) Demol., VII, 708.

Sous le régime dotal, « le mari a seul le droit de poursuivre les débiteurs et détenteurs de la dot. » Sous le régime de communauté, le mari administrateur peut exercer seul, les actions mobilières de la femme. Il y a entre ces deux articles une différence de rédaction dont les interprêtes ont voulu tirer parti pour donner à la femme commune le droit d'agir, quant à ses meubles propres, avec l'autorisation de justice.

Ainsi, sous le régime de communauté, la femme, tout en ayant auprès d'elle un représentant légal, conserverait le droit d'agir en justice, si bien que, le cas échéant, elle pourrait intenter une action ou y défendre avec la simple autorisation du juge. Nous n'oserions admettre cette opinion ; en effet, la femme, en acceptant la communauté légale, a transmis à son mari le droit d'administrer sa fortune propre, droit qui comprend l'exercice des actions mobilières (art. 1428, 464). Or, l'administration doit être confiée à une seule personne, elle ne peut pas être exercée concurremment par le mari et la femme ; si la femme conservait le droit de faire des actes d'administration, il y aurait dans ce fait une dérogation aux conventions matrimoniales. Aussi, malgré le texte de l'art. 1428, nous croyons que le mari seul a qualité pour agir pendant la durée de la communauté. Cette doctrine peut invoquer en sa faveur une tradition fort ancienne : *Maritus est procurator legitimus et necessarius uxoris suæ* (1).

(1) Grand. Cout., livre II, ch. XXII, — et Document juridique du

Il est une action purement mobilière que le mari ne peut seul intenter; c'est l'action en partage de la succession purement mobilière. Telle est la règle formulée par l'art. 818 ainsi rédigé :

« A l'égard des objets qui ne tombent pas en communauté, le mari ne peut en provoquer le partage sans le concours de sa femme; il peut seulement, s'il a le droit de jouir de ses biens, demander un partage provisionnel. Les cohéritiers de la femme ne peuvent provoquer le partage définitif qu'en mettant en cause le mari et la femme ».

Quoique la fiction du partage déclaratif règne dans notre droit, le législateur n'a pas toujours perdu de vue le caractère translatif qui en réalité appartient à l'acte de partage. C'est précisément parce que le partage contient en lui-même une aliénation que le Code civil a refusé le pouvoir de demander le partage définitif aux administrateurs de la fortune d'autrui, tuteurs et maris, auxquels il permet en général d'intenter librement les actions mobilières.

Remarquons que les cohéritiers de la femme doivent mettre en cause, non-seulement le mari, mais encore la femme, véritable propriétaire, lorsqu'ils intentent l'action en partage. C'est la disposition formelle de l'article 818.

Remarquons en outre que : « Le mari trouve dans son

XIVe siècle (publié par M. Bordier, dans la Bibliothèque de l'Ecole des Chartes, 2e série, tome I, p. 390, n° 21).

droit réel de jouissance, quand ce droit lui appartient, un titre suffisant pour demander un partage provisionnel qui n'est qu'un réglement de jouissance » (1).

En vertu des principes généraux, le mari ne peut, en sa qualité d'administrateur, transiger ni compromettre sur les actions mobilières de la femme

SECTION III. — RESPONSABILITÉ DU MARI, CHEF DE LA COMMUNAUTÉ

Nous venons de déterminer la limite dans laquelle peut agir le mari administrateur. Voyons maintenant quels devoirs lui incombent.

Le mari est tenu, pour sa responsabilité personnelle, de prendre soin des propres de la femme en bon père de famille. Il est donc obligé de veiller à la conservation et à l'entretien de ces propres réalisés; il doit ordonner les réparations nécessaires, il est responsable des objets qui périssent par son dol ou sa faute. Il a le devoir de faire constater par un inventaire les meubles propres advenus à la femme pendant le mariage; nous verrons ailleurs quelle est la sanction de cette obligation.

Le mari n'est pas responsable des objets mobiliers qui périssent par cas fortuit. Il se trouve dans des conditions analogues à celles de l'usufruitier de meubles. Même dans le cas où une estimation aurait été faite du mobilier, sans qu'on eût voulu par cette estimation en transférer la propriété au mari, nous ne croyons pas que le mari serait

(1) Demante, II, 146.

tenu du mobilier non-existant sur le pied de l'estimation. On l'a soutenu, en se fondant sur cette idée que, si le mari ne représente pas tout le mobilier, c'est qu'il a disposé des meubles manquants et que, par suite, il en a touché la valeur (1). On tire en ce sens un argument d'analogie de l'article 950, ainsi conçu :

« Lorsque la donation d'effets mobiliers aura été faite avec réserve d'usufruits, le donataire sera tenu, à l'expiration de l'usufruit, de prendre les effets donnés qui se trouveront en nature, dans l'état où ils seront, et il aura action contre le donateur ou ses héritiers, pour raison des objets non-existants, jusqu'à concurrence de la valeur qui leur aura été donnée dans l'état estimatif. »

Mais cet argument ne porte pas, parce que l'article 950 est inspiré par cette idée que la donation doit produire tous ses effets en faveur du donataire ; c'est une application de la règle : donner et retenir ne vaut (2). En dehors de ce motif spécial, il faut en revenir aux principes généraux.

Le mari est tenu de faire les diligences nécessaires pour assurer la conservation des créances ; il est responsable du défaut de renouvellement des inscriptions hypothécaires, du défaut d'inscription des priviléges et hypothèques. Il est responsable de la prescription libératoire qu'il laisse s'accomplir au profit des débiteurs de la femme. Il doit, en effet, poursuivre le payement sur les biens, meubles et immeubles des débiteurs de la femme.

(1) Dur., XV, no 287.
(2) Cf. Tropl., 2265.

SECTION IV. — DROITS DU MARI COMME CHEF DE LA COMMUNAUTÉ.

Le mari a la jouissance légale des propres mobiliers de la femme. Cette jouissance tombe, en vertu de l'article 1401, dans l'actif de la communauté, qui profite ainsi des intérêts, des créances propres et du loyer des meubles propres. Ce sont là des fruits civils que la communauté acquiert jour par jour, conformément aux principes généraux. La communauté acquiert aussi par la perception les fruits naturels des meubles propres, le croît des animaux, la laine des troupeaux. Quant aux capitaux représentatifs des valeurs propres, s'ils tombent dans la communauté, ce n'est jamais qu'à charge de récompense.

Il faut appliquer ici, d'une manière générale, les principes de l'usufruit en matière mobilière. Nous nous bornerons à signaler une question spéciale, qui ne manque pas d'importance. La fortune propre de la femme peut comprendre des obligations donnant droit à une prime de remboursement. Au cas où ces obligations deviennent remboursables pendant la durée de la communauté, qui profitera de la prime? L'attribuera-t-on à la communauté ou à la femme, à l'usufruitier ou au nu-propriétaire?

Nous estimons que la compagnie, en donnant un intérêt moindre, afin de rembourser un capital supérieur au capital versé, a fait ce qu'aurait fait tout propriétaire intelligent; elle a *capitalisé* une portion des revenus.

Cette prime de remboursement représente donc une portion du capital. Elle doit suivre le sort du capital; elle appartient au nu-propriétaire, qui est ici la femme (1).

La femme, propriétaire de ses meubles propres, peut les aliéner avec l'autorisation de justice, à défaut de l'autorisation du mari. Mais, en ce cas, sauf les exceptions prévues par l'art. 1427, l'acte d'aliénation consenti par elle laisse subsister dans son intégrité le droit du mari à l'usufruit.

SECTION V. — FIN DE L'ADMINISTRATION.

Quand prennent fin les pouvoirs du mari comme administrateur? Les pouvoirs finissent avec la communauté. Si la communauté se dissout par la mort du mari, les héritiers sont seulement tenus, comme les héritiers d'un mandataire, de prendre les mesures urgentes pour la conservation des biens de la femme. Au mari incombe la même obligation quand la communauté est dissoute par le prédécès de la femme.

Quid, quand la communauté est dissoute par la séparation de biens? A cette question nous répondrons, avec M. Colmet de Santerre (2), que l'administration, de fait, ne pouvant passer aux mains de la femme qu'en

(1) Cass., 14 mars 1877. — S. 78, 1, 7, et note de M. Labbé. — En ce sens, un arrêt de la Cour de Paris. Gaz. des Tribunaux, avril 1878.

(2) VI, 94 *bis*, II.

vertu d'un jugement, il faut bien qu'elle reste au mari. Les actes d'administration par lui faits jusqu'au jugement seront donc valables en principe et ne pourraient être annulés qu'autant qu'ils seraient entachés de fraude.

CHAPITRE IV

DES MODIFICATIONS QUE LA SITUATION JURIDIQUE DU MARI OU LA CONVENTION DES PARTIES PEUT FAIRE SUBIR AUX POUVOIRS DU MARI.

Le pouvoir du mari sur les propres mobiliers de la femme peut se trouver modifié par des causes tenant à différents ordres de faits. Ainsi ces modifications peuvent être le résultat de circonstances spéciales altérant la situation juridique du mari ; elles peuvent aussi être le résultat de la volonté humaine, qui agit librement dans les limites que lui laissent la nature des choses et la loi.

SECTION I. — MODIFICATIONS TENANT A LA SITUATION JURIDIQUE DU MARI.

Le mari peut être mineur, interdit ou absent.

I. *Mari mineur.* — Le mari mineur est émancipé par le mariage. Il peut donc exercer sur les biens propres de sa femme tous les droits d'administration qui sont conférés au mineur émancipé par les articles 481 et suivants. Ces articles donnent la mesure de sa capacité comme administrateur ; nous remarquerons que cette capacité est moins étendue que la capacité du mari majeur. Tous deux, à la vérité, ne sont que des administrateurs. Mais, tandis que le mari majeur peut librement reçevoir les capitaux de sa femme, sans être tenu de faire aucun emploi ni de fournir aucune sûreté, si le contrat de mariage ne lui en a imposé l'obligation, le mari mineur ne peut recevoir un capital mobilier, ni en donner décharge sans l'assistance de son curateur, qui, en ce cas, surveillera l'emploi du capital reçu.

Le mari mineur autorise-t-il valablement sa femme à disposer d'un meuble propre? Nous répondrons négativement à cette question; le mari mineur est incapable d'autoriser sa femme pour tous les actes qu'il n'a pas le droit de faire lui-même sans l'assistance de son curateur, c'est-à-dire pour tous les actes qui ne sont pas des actes de pure administration (1). On se rappellera que l'aliénation des meubles ne peut, en principe, suivant notre doctrine, être considérée comme un acte de pure administration. Il faudra donc que la femme obtienne en ce cas l'autorisation du juge.

Dans l'ancien droit, le mari mineur eût pu valablement autoriser sa femme majeure à aliéner un meuble propre: « On demande, dit Le Brun, si le mari mineur peut au- « toriser la femme majeure pour l'aliénation de ses « propres? » Et il faut dire qu'il le peut, quoiqu'il ne puisse pas aliéner ses propres biens; parce qu'il a plus de pouvoir sur les biens de sa femme qu'il n'en a sur ses biens

(1) Demol., IV, no 221.

propres.... car, dès que le mari est constitué tel, à quelque âge qu'il puisse être, il est le chef de sa femme » (1).

C'est en ce sens que Loysel avait pu dire : « Un mari mineur peut autoriser sa femme majeure sans qu'elle s'en puisse faire relever, mais bien lui » (2).

Le caractère de la puissance maritale s'est modifié dans le droit nouveau. La nécessité où est la femme de demander l'autorisation du mari n'est plus un simple acte de déférence, c'est, dirons-nous avec M. Demolombe(3), de la part du mari, un acte de surveillance que son incapacité personnelle ne lui permet pas d'exercer : la loi n'a pas voulu qu'un incapable fût chargé d'autoriser un autre incapable.

2. *Mari interdit.* — Deux cas peuvent se présenter : la femme n'est pas tutrice, ou elle est tutrice de son mari.

Lorsque la femme n'est pas tutrice, le droit d'administration du mari sur les propres de sa femme est exercé par le tuteur, dont les pouvoirs sont renfermés dans les mêmes limites que ceux du mari.

Si la femme est tutrice, elle prend à ce titre l'administration de ses biens personnels. Elle les administre, non pas en vertu de sa qualité de propriétaire, mais en vertu de la qualité qui lui est attribuée de représentant légal du mari. Elle agit non *jure suo*, mais *jure mariti*. Ses

(1) Le Brun, l. II, ch. I, § 2, n. 1.

(2) N. 125.

(3) Demol., IV, n. 220.

pouvoirs doivent donc être réglés par les principes de la tutelle. Elle subit, quant à son administration, les restrictions que le conseil de famille juge bon' de lui imposer, en vertu de l'article 507, sauf son recours aux tribunaux.

La femme tutrice ne trouve pas dans sa qualité de tutrice le pouvoir d'aliéner ses propres mobiliers. Il faudra donc qu'elle obtienne dans ce but l'autorisation de justice.

3. *Mari absent.*—A. *Présomption d'absence.*— Lorsque le mari est présumé absent, la femme a qualité pour provoquer les mesures nécessaires à l'administration de ses biens personnels. Elle s'adressera, dans ce but, au tribunal, qui pourra lui confier le soin de prendre ces mesures.

B. *Déclaration d'absence.* — Si la femme opte pour la dissolution de la communauté, elle reprend la libre administration de ses biens personnels, sous réserve des restitutions qu'elle pourrait avoir à faire au cas où le mari reparaîtrait.

Si, au contraire, elle opte pour la continuation de la communauté, elle prend en main l'administration de ses biens. Elle devra s'adresser à la justice pour tout ce qui excédera la mesure de ses pouvoirs d'administration. Ainsi elle ne pourra, dans ce cas, aliéner à elle seule un propre mobilier, parce qu'elle est incapable d'aliéner sans autorisation du mari ou de justice. Nous exceptons, bien entendu, les objets énumérés par l'art. 1851.

Nous croyons que l'époux présent est tenu, en vertu de l'article 126, de faire inventaire du mobilier et des titres de la communauté Nous pensons qu'il faut étendre cette règle aux propres mobiliers de l'époux présent dont la communauté n'a que la jouissance, sans doute l'article 126 ne parle que du mobilier de l'absent ; mais le mobilier dont la communauté a la jouissance est, en quelque manière, le mobilier du mari. La femme sera donc tenue d'en faire inventaire. D'ailleurs, il est important de connaître la composition exacte de la communauté pour établir lecompte qui peut être nécessaire postérieurement.

SECTION II. — MODIFICATIONS DES POUVOIRS DU MARI RÉSULTANT DE LA CONVENTION DES PARTIES.

Le mari est de plein droit, sous le régime de communauté légale, administrateur des biens propres de la femme dont la communauté a la jouissance. Ces pouvoirs conférés au mari par l'article 1428, peuvent-ils être modifiés par la convention des parties ?

Nous nous demanderons d'abord si la femme peut se réserver l'administration de ses propres. Puis nous examinerons une clause qui peut être introduite au contrat pour restreindre les pouvoirs du mari tout en les lui conservant.

1° — La femme peut se réserver par contrat l'administration de la jouissance de ses biens propres. Cette convention n'est ni illicite ni immorale, puisqu'elle est le fond du régime de séparation de biens (1); elle n'est pas contraire aux droits du mari comme chef de *communauté*, puisque, dans notre hypothèse, les propres de la femme ne tombent en communauté ni pour la propriété, ni pour la jouissance. Le mari ne peut donc réclamer, quant à ces biens, les droits du chef de communauté (2).

Dans ce cas, la femme ne peut aliéner ni ester en justice sans l'autorisation du mari, car elle reste soumise aux principes de l'autorisatiou maritale (3).

2. — La femme ne peut retenir par contrat l'administration de biens propres qui tombent dans la communauté pour la jouissance. Il y aurait là une dérogation aux droits qui appartiennent au mari comme chef (art. 1388).

Les parties stipulent fréquemment, dans les contrats de mariage, une société d'acquêts accessoire au régime dotal. Devons-nous voir dans ces contrats une dérogation au principe qui donne au mari l'administration des biens propres de sa femme

Les propes de cette communauté d'acquêts, ce sont les paraphernaux. Les paraphernaux sont administrés par

(1) Voir aussi l'art. 1534.

(2) Le donateur d'objets mobiliers, qui peut les exclure de la communauté, peut, à plus forte raison, stipuler que la jouissance et l'administration appartiendront à la femme.

(3) Le contrat de mariage ne pourrait conférer à la femme le droit d'aliéner ses propres mobiliers ou d'intenter les actions mobilières sans l'autorisation du mari. Il y aurait dans cette clause une dérogation aux droits résultant de la puissance maritale.

la femme d'après les régles du régime dotal. Si l'on s'en rapporte aux principes de la communauté, les propres devront être administrés par le mari. La question revient donc à savoir quel est le caractère qui domine dans ces biens de la femme.

Nous croyons que c'est le caractère de bien paraphernal. En effet, la société d'acquêts n'est stipulée qu'*accessoirement* au régime dotal. Elle a pour but d'intéresser la femme à l'accroissement de la fortune conjugale, en lui attribuant la moitié des bénéfices réalisés pendant le mariage. Mais cette clause, qui comble une lacune du régime dotal, ne touche en rien aux règles qui sont de la nature de ce régime. La femme conserve donc l'administration des paraphernaux; elle doit seulement, dirons-nous avec la jurisprudence, communiquer au mari les économies faites sur les fruits et les revenus, parce que ces revenus sont des économies, et que le droit du mari n'existe qu'autant qu'elles sont réalisées. Cette stipulation de la société d'acquêts était en usage dans le sud-ouest de la France; or le droit commun, auquel deux coutumes dérogeaient formellement (Bordeaux, 42; Marche, 297), laissait à la femme l'administration des paraphernaux. Notre solution nous paraît donc être à la fois conforme aux principes généraux et aux précédents (1).

4. — En dehors du cas où le contrat de mariage réserve à la femme commune en biens l'administration d'une

(1) Tessier, Société d'acq., p. 5, note *a*.—Cass., 15 septembre 1846. — D., 46, 4, 356. — Agen, 17 novembre 1852, D., 53, II, 56.

partie de ses propres, cas prévu par l'article 223, le mari peut donner mandat à la femme d'exercer son droit d'administration. Tout se règle alors suivant les principes du mandat, la femme administre, non pas comme propriétaire, mais comme mandataire de son mari. Elle est tenue de rendre compte et de réparer les fautes commises par elle dans l'éxécution de ce mandat. Toutefois la jurisprudence interprète dans un sens large les règles du mandat. Ainsi la femme mariée qui a reçu le mandat d'administrer des biens à elle propres peut être considérée comme ayant rendu suffisamment compte de ce mandat par cela seul qu'il est constaté que, en état de de séparation de fait, elle a consommé ses revenus et les intérêts de ses biens pour ses besoins et ceux d'un enfant laissé à sa charge, sans en accumuler aucune portion à son profit exclusif et aux dépens de son mari ; aussi la femme, dans ces conditions, n'a-t-elle été dispensée de restituer, à la dissolution de la comunauté, la moitié des fruits ainsi consommés (1). Cette décision est conforme aux principes généraux ; la femme s'est tenue dans les limites de son mandat, qui était d'employer les fruits et revenus par elle perçus aux besoins du ménage. Elle ne serait devenue débitrice que si elle s'était enrichie aux dépens de la communauté.

La femme qui administre ses propres en vertu d'un mandat général n'est pas dispensée pour cela de se munir de l'autorisation de son mari, lorsqu'il s'agit

(1) Cass., 25, novembre 1868. D., 1769, I, 148.

d'aliéner un meuble propre. Le mari ne peut lui donner mandat d'aliéner, puisqu'il n'a pas lui-même le pouvoir de procéder à cette aliénation; il ne peut que l'autoriser en vertu de ses droits de puissance maritale; mais cette autorisation doit être spéciale, le Code repoussant toute autorisation générale (art 223).

5. *Clause d'emploi.* — Au mari appartient, à notre avis, le droit de toucher les capitaux des créances propres de la femme. En principe, ces capitaux, par le fait du paiement, tombent dans la communauté, de telle façon que la femme ne conserve qu'une créance en récompense. Aucune condition d'emploi n'est imposée par le Code au mari. Toutefois nous avons admis en matière de propres mobiliers le remploi facultatif; le mari pourra, à notre avis, employer les sommes par lui reçues à acheter pour la femme des biens mobiliers ou immobiliers qui lui seront propres, pourvu que toutes les conditions exigées par les articles 1434 et 1435 soient observées.

Ceci posé, le contrat de mariage peut imposer au mari l'obligation de faire emploi des capitaux propres à la femme qu'il touchera en sa qualité d'administrateur. Il conviendra d'examiner de près la nature de cette clause introduite au contrat; peut-être n'a-t-elle pas dans l'intention des parties un caractère obligatoire, et ne fait-elle que mentionner une faculté offerte au mari. Il arrive souvent que les contrats de mariage rappellent les textes de loi, et l'interprète doit apporter en ce cas la plus grande circonspection, afin de ne pas dépasser l'intention des parties, sous le prétexte de vouloir donner un sens à chaque mot. Dans d'autres cas, la clause contiendra incontestablement une obligation imposée au mari.

Cette obligation doit être, à notre avis, sanctionnée par une action que la femme pourra intenter. L'existence de cette action ne nous paraît pas pouvoir être contestée lorsque le contrat de mariage fixe un délai dans lequel l'emploi doit être fait. Toute obligation qui n'a pas un caractère illicite donne naissance à une action. Or, ici, ce moyen de contrainte peut présenter une grande utilité, puisqu'il amènera le mari à exécuter le contrat de mariage à prendre les mesures qui y ont été jugées nécessaire pour conserver la fortune de la femme ; ainsi on évitera peut-être d'en être réduit à intenter une demande en séparation de biens.

Que faut-il décider, si le contrat de mariage ne fixe pas ce délai dans lequel le mari est tenu de faire emploi des sommes par lui reçues? Nous croyons qu'ici encore il faudra accorder une action à la femme. En effet, les parties ont certainement voulu donner un sens à la clause par laquelle ils imposent au mari l'obligation d'employer. Si le mari tarde trop, la femme pourra, avec l'autorisation de justice, agir contre lui, afin de lui faire fixer un délai dans lequel il sera tenu d'effectuer le remploi.

La clause d'emploi est-elle opposable aux tiers? En règle générale le mari est capable de recevoir seul les paiements des sommes dues à la femme. Les tiers sont fondés à compter sur la sécurité qui résulte pour eux de cette règle de droit commun. Toutefois nous n'hésitons pas à penser que le contrat de mariage peut, par une déclaration formelle, rendre les tiers responsables du défaut d'emploi. En effet, les pouvoirs du mari sont fixés par le contrat, que les tiers peuvent et doivent connaître. Il suffit dès lors qu'ils aient pu y trouver la restriction mise aux pouvoirs du mari, pour qu'ils soient en faute de n'en avoir pas tenu compte. Ils devront donc veiller à ce que le mari emploie les sommes par eux versées. Et s'ils payaient sans s'assurer de l'éxécution de cette condition, ils pourraient être condamnés à payer une seconde fois à la femme dont le mari aurait dissipé les capitaux. Toutefois, remarquons que dans ce cas le tiers n'est que débiteur accessoire du remploi ; le débiteur principal, le défendeur à l'action en remploi, c'est le mari ou ses héritiers. Si le mari est insolvable, alors s'ouvrira l'action contre le tiers qui, lui-même, pourra recourir contre le mari, si ce recours peut jamais présenter quelque utilité.

La clause d'emploi émane quelquefois d'un donateur. Nous pouvons supposer qu'un tiers transporte à la femme une créance, à titre gratuit, en stipulant que cette créance demeurera propre à la femme et que le mari sera tenu d'en faire emploi. Nous appliquons à cette hypothèse les solutions que nous venons d'indiquer. Toutefois il faudra, pour invoquer la responsabilité du tiers, prouver qu'il a été prévenu, par exemple, que la clause d'emploi lui a été signifiée, ou bien qu'il a figuré au transport-cession et l'a accepté en connaissance de cause.

L'obligation d'employer peut encore résulter, pour le mari, du consentement donné par la femme à l'aliénation d'un meuble propre, lorsque la femme a fait de l'emploi du prix une condition de son consentement. Lorsque le tiers est rendu responsable de l'emploi, il peut, au cas où l'emploi n'a pas été fait, être obligé de payer une seconde fois le prix d'achat. Nous ne croyons pas qu'il faille admettre comme sanction la nullité de l'aliénation, qui ne ferait pas difficulté au cas où un immeuble dotal aurait été aliéné sous condition de remploi. En effet, le propre mobilier n'est pas, comme l'immeuble dotal, frappé d'inaliénabilité : En principe, il est aliénable, tandis que l'immeuble dotal est inaliénable.

CHAPITRE V

DE LA RESTITUTION DES PROPRES PARFAITS A LA DISSOLUTION DE LA COMMUNAUTÉ.

A la dissolution de la communauté, la femme exerce son droit de propriété sur les propres parfaits. Ces meubles propres ne sont en aucune façon entrés dans l'actif commun. Aussi la femme acceptante les prélève avant partage; la femme renonçante les emporte, quoiqu'elle ne prenne aucun effet de la communauté.

La femme a donc une action en revendication, au moins pour les meubles corporels et les *universitates* telles qu'un fond de commerce. Quant aux créances, elle reprend la jouissance de tous les droits qui en découlent; elle seule pourra désormais recevoir le paiement, toucher les interêts, accorder les délais, etc.

Mais, si nous reconnaissons à la femme le droit de revendiquer ses propres mobiliers, nous devons déterminer la preuve, que la femme revendiquante aura à fournir. En effet, à la dissolution de la communauté, tous les effets du patrimoine des époux sont présumés acquêts. Au revendiquant à faire la preuve contraire.

Nous nous placerons successivement dans deux hypothèses, suivant qu'il s'agira : 1° de meubles advenus depuis la célébration du mariage; 2° de meubles présents au jour du mariage. Pour chacune de ces hypothèses, nous devrons établir la preuve à faire contre le mari et contre ses créanciers.

1. — Examinons d'abord ce qui concerne le mobilier advenu pendant le mariage.

Le moyen de preuve que devra invoquer la femme sera l'inventaire dressé antérieurement au mariage. Telle est la règle posée par l'article 1499. Le mobilier est présumé acquêt, s'il n'est pas constaté par un inventaire ou un état en bonne forme.

Toutefois, le devoir de veiller à la confection de l'inventaire incombait non pas à la femme, mais au mari, en vertu de sa double qualité d'administrateur et d'usufruitier. La femme ne peut avoir à souffrir de la faute commise par le mari qui a négligé de faire inventaire. Le mari, en enlevant à sa femme le moyen d'établir la consistance de ses propres mobiliers, a commis un délit dont il doit subir les conséquences. Aussi le Code, faisant application des principes généraux de la matière des preuves (art. 1348), autorise la femme ou ses héritiers à établir la consistance de son mobilier, tant par titres et papiers domestiques que par témoins, et au besoin par commune renommée. (Art. 1504.)

Remarquons que l'article 1499 n'exige pas nécessairement un inventaire fait en la forme authentique. Un inventaire sous-seing privé serait donc suffisant pourvu qu'il eût été enregistré ou déposé chez un notaire avant le mariage.

Quant à l'état en bonne forme, ce peut être l'état annexé à une donation de meubles ou le compte de tutelle rendu à la femme par son ex-tuteur.

Nous avons établi le droit de la femme ou des héritiers de la femme vis-à-vis du mari ou de ses héritiers. Mais la femme peut se trouver en présence des créanciers du mari ou de la communauté. En principe, le mobilier dont la femme a conservé la propriété n'est pas leur gage. Mais, à leur égard, la femme ne pourra établir son droit de propriété que par un inventaire ou état *authentique* (art. 1510 *in fine*). Si la femme n'est pas munie de ce document, les créanciers poursuivront le paiement de ce qui leur est dû sur le mobilier non inventorié, comme sur tous les autres biens de la communauté.

Tel est le droit commun. Le contrat de mariage pourrait-il réserver à la femme le droit d'établir par tout moyen de preuve, même vis-à-vis des tiers, la consistance du mobilier qui lui adviendrait? Nous ne le croyons pas. Le texte de l'art. 1510, qui règle les droits des époux vis-à-vis les créanciers, est impératif : à défaut d'inventaire « les créanciers peuvent, sans avoir égard à aucune des distinctions qui seraient réclamées, poursuivre leur payement sur le mobilier non inventorié, comme sur tous les autres biens de la communauté ». La confusion des meubles est un fait brutal, qui a pour conséquence l'obligation de la communauté aux dettes ; la loi ne connaît qu'un moyen de parer aux inconvénients de ce fait, c'est de dresser un inventaire. Sinon, la confusion se produit,

(1) Dijon, 14 août 1872. D., 72, 1, 133. — Contra. Poitiers, 16 décembre 1868. D., 1869, 2, 203.

et la communauté propriétaire de la masse mobilière (le mobilier étant présumé acquêt) est obligée envers les tiers sur toute cette masse.

2. — Nous en venons maintenant à ce qui concerne le mobilier existant lors du mariage. L'article 1499 règle la situation de ce mobilier. Il est présumé acquêt, si la consistance n'en est établie par un inventaire ou un état en bonne forme.

Il est important de remarquer que ce n'est point au mari qu'est imposée l'obligation de veiller à la confection de cet inventaire. Le mari, avant le mariage, n'a ni l'administration ni la jouissance des biens de sa femme. Celle-ci est pleinement capable, et nous ne pouvons plus admettre en sa faveur l'avantage spécial que l'article 1504 lui accorde dans le cas précédent. La femme doit être traitée de la même manière que le mari, puisque, comme lui, elle est en faute de n'avoir point exigé la confection d'un inventaire.

Ceci posé, on peut se demander si, *entre époux*, la présomption, qui fait de tous les meubles des acquêts, ne peut être détruite que par un inventaire ou un état en bonne forme? Ne pourrait-on pas admettre les deux époux à établir l'un contre l'autre la consistance de leurs propres mobiliers par d'autres moyens que par un inventaire ou état en bonne forme. Les précédents sont favorables à la solution affirmative (1); on peut invoquer notamment la Jurisprudence du Parlement de Bordeaux,

(2) Pothier, Communauté, 300.

dans le ressort duquel était surtout usité le régime de communauté d'acquêts (1). Et si l'on interroge l'article 1499, décisif en notre matière, qu'y trouve-t-on? Faute d'inventaire ou d'état en bonne forme, le mobilier « est réputé acquêt ». Cela n'indique qu'une présomption; or, de droit commun, une présomption admet la preuve contraire.

Cependant nous ne croyons pas pouvoir accepter cette opinion. Il est bien certain que le mari ne peut reprendre le mobilier à lui échu pendant le mariage, s'il n'en établit la consistance au moyen d'un inventaire ou d'un autre titre propre à faire cette justification. Telle est la règle formulée par l'article 1504-2°. Or, la femme, avant le mariage, est dans la même situation que le mari pendant le mariage; ce qui est vrai de l'un doit donc être vrai de l'autre ; et l'article 1504-2° peut nous servir à interpréter l'article 1499. Ainsi donc, les meubles sont communs, et pour les soustraire à la communauté, il faut un inventaire établissant la consistance des meubles réalisés. Tels sont les véritables principes; par conséquent, la femme qui ne présentera ni inventaire ni état ne pourra dépouiller les meubles de la qualité de communs, même à l'égard de son mari, pourvu toutefois qu'il ne s'agisse pas de meubles échus pendant le mariage.

(1) Salviat, p. 17. — Maleville, t. III, p. 351.

(2) Les articles 1415 et 1504-3 n'admettent de dérogation à la nécessité de l'inventaire comme moyen de preuve que lorsque la négligence ou la faute du mari a privé la femme du moyen d'établir la consistance de ces apports. Ce motif ne pourrait s'appliquer au mobilier apporté par la femme lors du mariage.

Nous en pouvons conclure *a fortiori*, suivant les règles de l'article 1510, que la femme dépourvue d'inventaire ou d'état authentique ne pourra arrêter l'action des créanciers du mari ou de la communauté sur le mobilier qu'elle prétendait lui être propre.

Droits de la femme du failli. — En cas de faillite de la femme, l'article 554 de l'ancien Code de commerce imposait des restrictions graves à l'action en revendication de la femme. Elle ne pouvait reprendre les objets qui lui avaient été donnés depuis la célébration du mariage; et parmi les objets advenus par un autre mode, elle ne pouvait reprendre que ceux affectés à son usage personnel, comme les habits, les diamants, les bijoux, la vaisselle. Il y avait là une exagération où des scandales récents avaient jeté les législateurs de 1807. La loi de 1838 a modifié le Code sur ce point. La femme peut maintenant « reprendre en nature » les effets mobiliers qui ne sont pas entrés en communauté, toutes les fois que l'identité en sera prouvée par inventaire ou tout autre acte authentique (art. 560). C'est l'application du principe de l'article 1510.

L'inventaire ou l'état authentique est absolument nécessaire à la femme ; le contrat de mariage ne pourrait valablement la soustraire à cette nécessité. « A défaut par la femme de faire cette preuve (par inventaire ou tout autre acte authentique), tous les effets mobiliers, tant à l'usage du mari qu'à celui de la femme, sous quelque régime qu'ait été contracté le mariage, seront acquis aux créanciers, sauf aux syndics à lui remettre, avec l'autorisation du juge-commissaire, les habits et le linge nécessaires à son usage. »

Si la femme, privée d'inventaire ou d'acte authentique, ne peut agir comme propriétaire, elle n'en demeure pas moins créancière. Il y aurait iniquité à refuser de l'admettre au passif de la faillite, comme créancière de la valeur de ses meubles propres, si elle peut établir suffisamment cette valeur par les moyens de droit commun.

DEUXIÈME PARTIE

Les régimes sans communauté et de séparation de biens.

CHAPITRE Ier

DU MOBILIER DE LA FEMME SOUS LE RÉGIME D'EXCLUSION DE COMMUNAUTÉ

Rappelons en quelques mots les traits généraux qui caractérisent ce régime. Il n'implique aucune société entre les époux. Le mari a l'administration et la jouissance de la fortune de sa femme, mobilière ou immobilière, présente et à venir.

On a soutenu que les règles du régime exclusif de communauté se confondaient avec celles du régime dotal. Nous ne croyons pas devoir accepter cette doctrine. Le régime exclusif de communauté est, en effet, né des idées coutumières, et a été appliqué en pays coutumiers.

Il ne se rattache point par son origine au régime dotal, restreint aux pays de droit écrit. Notre législation l'a compris en plaçant les règles concernant ce régime à la fin du chapitre qu'il consacre aux régimes nés du droit coutumier. Ce n'est pas ici le lieu de nous arrêter longuement à cette controverse; il nous suffit d'avoir indiqué l'opinion que nous embrassons sur ce point important.

I. *Propriété des meubles de la femme.* — La femme reste propriétaire de ses biens. Voyons comment ce principe s'applique aux meubles.

La femme garde la propriété :

1° Des meubles présents au jour du mariage, pourvu qu'ils soient susceptibles de véritable usufruit.

2° Des meubles susceptibles d'usufruit qui lui adviennent par succession, donation ou legs.

3° Des meubles acquis par elle à titre onéreux pendant le mariage. Ici il importe de faire remarquer que la femme ne peut avoir en sa propriété aucun capital en deniers pendant le mariage, puisque ces capitaux deviennent la propriété du mari par l'effet du quasi-usufruit. Donc les meubles acquis par elle auront été acquis de deniers donnés ou prêtés par le mari. Toutefois, le mari qui réclamera à la femme le montant de sommes par lui prêtées devra établir le prêt, conformément au droit commun. Il n'est pas possible de rétablir ici la présomption contraire à la femme qui, dans les lois romaines, faisait remonter au mari l'origine des deniers (1). Mais

(1) 51, D., XXIV, 1.

la preuve sera facile au mari, car souvent elle résultera de l'impossibilité où se trouvera la femme d'assigner aux deniers, une autre origine.

La femme acquiert encore la propriété de meubles reçus par elle en échange de meubles lui appartenant (Arg. d'anal., 1407); de meubles acquis en remplacement de biens aliénés, pourvu que les formalités indiquées aux articles 1434 et 1435 aient été accomplies; de meubles donnés en paiement à la femme par le mari pour le remploi de ses immeubles aliénés ou de deniers à elle appartenant (art. 1595-2°).

Le mari acquiert en propriété les choses qui se consomment par l'usage et les choses qui lui sont livrées avec estimation. Quant aux autres meubles, il n'a que les droits résultant de l'administrateur; le droit de les aliéner reste à la femme, qui ne peut l'exercer qu'avec l'autorisation du mari ou de justice. Nous renvoyons sur ce point aux développements que nous avons donnés en matière de propres mobiliers.

Lorsque la femme aliéne un de ses biens avec l'autorisation de justice, cette aliénation laisse subsister dans son intégrité le droit du mari; à moins qu'elle ne soit motivée par une des causes exceptionnelles indiquées par l'article 1427.

2. *Droits du mari comme administrateur et usufruitier*. — Les droits et pouvoirs du mari, comme administrateur et usufruitier, sont les mêmes que ceux que la loi lui confère sur les propres mobiliers de la femme com-

mune. Nous renvoyons donc aux développements que nous avons donnés plus haut sur ce point.

Le mari est tenu de toutes les charges de l'usufruit. Il est donc obligé de faire l'inventaire. On s'accorde généralement à le dispenser de l'obligation de donner caution par argument d'analogie des dispositions du Code civil en matière d'usufruit légal et de régime dotal.

Le défaut d'inventaire a des conséquences importantes :

1° A la dissolution, la femme peut prouver la consistance du mobilier existant lors du mariage et échu depuis, tant par titres que témoins et commune renommée. Nous lui reconnaissons ce droit, même pour le mobilier existant lors du mariage, car nous considérons le contrat de mariage établissant ce régime comme un acte constitutif d'usufruit. Or, l'usufruitier est en faute s'il ne fait pas inventaire avant d'entrer en jouissance.

2° Les créanciers du mari peuvent saisir les meubles de la femme, s'ils sont confondus avec ceux de leur débiteur. A défaut d'inventaire, la femme ne pourra faire prononcer la distraction qu'en établissant son droit de propriété.

3° Les créanciers de la femme dont la créance a date antérieure au mariage conservent leur action sur les meubles de leur débitrice, même après le mariage. On a soutenu le contraire, en considérant comme une aliénation la constitution d'usufruit ; on arrivait à dire que ces créanciers n'avaient d'action que sur la nue-propriété de la femme. On oubliait, en raisonnant ainsi que la constitution d'usufruit universel ou à titre universel a pour conséquence que l'usufruitier est tenu aux dettes. S'il n'y avait pas eu d'inventaire et si les meubles de la femme avaient été confondus de fait avec les meubles du mari, les créanciers de la femme pourraient saisir les meubles confondus, sauf pour le mari à demander la distraction des objets sur lesquels il pourrait établir son droit de propriété.

Les créanciers de la femme qui ne pourraient établir à l'égard du mari la date certaine de leur créance antérieure au mariage ne pourraient poursuivre la femme que sur la nue-propriété de ses biens.

Sous ce régime, l'industrie et le travail de la femme peuvent produire des valeurs mobilières, par exemple, des bénéfices pécuniaires, un droit de propriété littéraire ou artistique. Quelle est la mesure du droit du mari, ou plus généralement de l'usufruitier, sur ces biens ? Faut-il les considérer comme des fruits ou comme un capital ? C'est là une question qui a soulevé une vive controverse.

Les difficultés, sur ce point, naissent de l'absence d'un criterium qui permette de reconnaître avec certitude ce qui est fruit de ce qui est capital. A notre avis, le fruit, c'est la prestation périodique qui doit assurer notre vie quotidienne et sur laquelle nous prenons pour satisfaire aux besoins de chaque jour. La loi traite les annuités de rente viagère comme des fruits, quoiqu'elles soient, en fait, des portions du capital. Pourquoi, si ce n'est parce que l'annuité de rente viagère doit être dépensée au jour le jour? Aussi, le salaire de l'industrie ou du travail est pour nous un fruit; car, si nous nous plaçons au point de vue général, le salaire est ce dont on vit; ce n'est point une somme destinée à être capitalisée et, de plus, c'est une prestation périodique.

Ceci posé, si j'analyse l'idée du bénéfice, j'y rencontre ou je puis y rencontrer trois éléments:

1o Les intérêts du capital engagé, s'il s'agit d'une entreprise qui demande des capitaux.

2o Le salaire, qui est l'équivalent du travail fourni.

3o Le surplus est destiné à être capitalisé et est tenu en réserve pour balancer les pertes que peuvent produire les mauvaises années.

De ces trois éléments, les deux premiers, qui se rencontrent le plus souvent, présentent à nos yeux le caractère de fruits. Le troisième porte bien le caractère d'un capital, mais la nécessité d'en établir l'existence et la qualité soulèverait des questions difficiles à résoudre. Il faudrait déterminer la part qui représente le salaire, il faudrait connaître exactement le capital engagé. Nous croyons plus prudent d'appliquer la règle: *major pars trahit ad se minorem,* et de décider que tous ces bénéfices appartiennent à l'usufruitier.

Un autre argument nous conduit à cette solution. La loi du 14 juillet 1866 reconnaît aux veuves des auteurs et des artistes la jouissance des droits de propriété littéraire et artistique dont leurs maris n'auraient pas disposé. Or, il est incontestable: 1o que, par cette jouissance, on a entendu un usufruit; 2o qu'on a entendu concéder à la veuve un avantage sérieux et lui laisser les droits qui appartenaient à son mari. L'avantage serait illusoire, si les sommes produites par la cession du droit de reproduction devaient être capitalisées au profit des héritiers, de telle façon que la veuve ne touchât que les intérêts de ces capitaux. Voilà donc un cas où la loi reconnaît aux produits de l'industrie le caractère de fruits.

Nous savons qu'on oppose à notre opinion les termes de l'art. 1498, où le Code paraît distinguer entre les fruits et les produits de l'industrie, et qu'on tire un autre argument en faveur du système contraire des termes de l'art. 387 du C. civ. La « jouissance » légale ne s'étend pas « sur les biens que lès enfants pourront acquérir par un travail et une industrie séparés ». Le Code, dit-on, vise ainsi pour l'exclure la *jouissance des capitaux* produits par cette industrie. C'est donc que le père usufruitier ne devait pas faire siens les capitaux eux-mêmes.

Nous répondrons qu'il est dangereux de prendre au pied de la lettre les expressions de la loi en cette matière. L'art. 1442 s'exprime ainsi : « S'il y a des enfants mineurs, le défaut d'inventaire fait perdre à l'époux survivant la jouissance de leurs revenus. » Pour être logiques avec eux-mêmes, nos adversaires devraient conclure que l'usufruit légal ne donne droit qu'aux intérêts des revenus de l'enfant, revenus capitalisés par l'époux survivant. Notre remarque a pour but de montrer que le langage de la loi n'a pas en cette matière toute la précision désirable, et que les arguments fondés sur les textes offrent peu de certitude.

Au surplus, si l'on s'en rapporte aux dispositions de l'art. 1498, il faut l'appliquer dans son entier. Si le ménage est pauvre, si la femme exerce une industrie modeste, elle pourra, dans la doctrine de nos adversaires, garder pour elle ses bénéfices, qui sont des « produits de l'industrie. » Or, comme elle n'est pas tenue de contribuer aux charges du ménage autrement que par l'usufruit de ses biens accordés au mari, si cet usufruit est insuffisant, le mari en sera réduit à invoquer l'obligation alimentaire pour obliger sa femme à concourir aux charges communes.

Nous concluons donc que les bénéfices résultant d'un commerce exercé par la femme, de son travail, du droit de reproduction de ses œuvres littéraires ou artistiques, appartiennent au mari.

3. — *Cessation du droit du mari.* — Le droit du mari cesse par la dissolution du mariage ou par la séparation de biens. — La femme revendique alors les meubles dont elle a conservé la propriété, en faisant la preuve au moyen de l'inventaire, comme nous l'avons dit plus haut. Quant aux meubles dont la propriété a été transférée au mari, celui-ci en rend le prix d'après l'estimation faite au contrat de mariage ou l'inventaire fait lors de l'obvention de ces effets. C'est une dérogation aux principes généraux établis par l'art. 587.

4. *Modifications dont les parties peuvent convenir.* — Les parties peuvent modifier le régime sans communauté en convenant que la femme touchera, sur ses seules quittances, certaines portions de ses revenus pour son entretien et ses besoins personnels (art. 1334). C'est le régime de séparation de biens combiné avec le régime sans communauté. Les économies que fait la femme sur des fonds ainsi réservés doivent être soustraites au droit du mari, en vertu du contrat de mariage. Si, par exemple, on avait réservé à la femme l'administration et la jouissance d'un fonds de commerce qui eût été sa propriété au jour du mariage, nous pensons que le mari n'aurait rien eu à prétendre dans les bénéfices de ce commerce.

CHAPITRE II.

SÉPARATION DE BIENS.

La séparation de biens peut être établie par le contrat de mariage ou par une décision judiciaire. Dans ce dernier cas, elle peut être principale ou accessoire de la séparation de corps.

La séparation de corps, *separatio thori,* emporta toujours, dans nos pays coutumiers, la séparation de biens. En effet, le régime de communauté était, comme nous l'avons vu, la conséquence directe de la *societas nuptiarum*, de la communauté d'habitation. La femme vivait au même « pain et pot » que son mari ; au jour où elle prenait une habitation séparée, elle devait emporter de la masse commune les biens nécessaires à sa « soutenance. »

La séparation contractuelle n'apparut que plus tard. Elle était, pour nos coutumes, une dérogation importante à cette communauté qui se formait « par vertu de mariage. » Aussi fallut-il que les jurisconsultes coutumiers subîssent longtemps l'influence du droit romain, pour que ce régime nouveau pût s'introduire en France. La séparation de biens, en effet, c'est le régime dotal sans dot. Tous les biens de la femme y sont des paraphernaux. Peu à peu, l'exemple des pays de droit écrit et le principe de la liberté des conventions triomphèrent de toutes les résistances.

1. — Le régime de séparation de biens ne confond en aucune façon le patrimoine des époux, en quoi il ne diffère pas du régime sous communauté. Mais, de plus, il laisse à la femme l'administration et la personne de ses biens, à charge par elle de subvenir aux besoins du ménage en payant au mari une part de ses revenus fixée par le contrat ou la loi. Ainsi la femme est administratrice de sa fortune, ce qui ne l'empêche pas d'être soumise aux principes généraux de l'autorisation maritale, pour les actes qui excèdent l'administration. Tels sont les traits généraux du régime dont nous allons développer quelques règles.

« La femme séparée de corps ou de biens, ou de biens seulement, en reprend la libre administration » (art. 1449, 1°). Nous avons énuméré les droits que confère l'administration ; nous pouvons nous borner à renvoyer à nos explications antérieures. Le Code ajoute : La libre administration, afin de mieux affirmer que, pour tout ce qui a trait à l'administration, la femme est indépendante du mari et n'a pas besoin de l'autorisation maritale. Ce texte suffit notamment à nous prouver que la femme peut, seule et sans autorisation, vendre les meubles qui, par exception, peuvent être vendus par l'administrateur ; qu'elle peut faire des actes conservatoires, recevoir le paiement de ses capitaux et en donner quittance, placer ses capitaux, etc.

2. — Les difficultés ne seraient pas grandes, si la loi s'en était tenue au principe de l'art. 1449-1°. Mais, à la suite de cette première règle, le législateur en a inséré une seconde, qui n'a pas médiocrement embarrassé les interprètes. Elle est ainsi formulée :

« La femme séparée de biens peut disposer de son mobilier et l'aliéner. »

Cet alinéa, pris isolément, offre un sens très-clair. La femme peut, à elle seule et sans aucune autorisation, disposer de tous les meubles, quels qu'ils soient. Ajoutons qu'en combinant ce texte avec l'art. 905, on a toujours, dans le droit nouveau, refusé de reconnaître à la femme séparée de biens la capacité d'aliéner à titre gratuit.

Les difficultés apparaissent lorsqu'on rapproche l'art. 1449 de l'art. 217, ainsi conçu : « La femme, même séparée de biens, ne peut aliéner, hypothéquer, acquérir à titre gratuit ou onéreux sans le concours du mari dans l'acte ou son consentement par écrit. »

On a voulu concilier l'art. 1449 et l'art. 217. L'art. 1449, a-t-on dit, ne doit être entendu que des aliénations inséparables de l'administration : ventes de fruits, de récoltes, d'objets qui se détériorent en les gardant, etc. Quant aux autres objets mobiliers, ils ne peuvent être vendus sans l'autorisation du mari. — Mais ces pouvoirs sont inhérents à toute administration, pas n'était besoin d'un texte spécial pour les conférer à la femme. Dans cette interprétation, l'art. 1449-2° est inutile, l'art. 1449-1° suffisait.

On a été plus loin ; on a dit que la femme pourrait, à elle seule, consentir les aliénations nécessaires aux besoins de son administration. Ainsi elle pourrait vendre des valeurs mobilières pour se procurer les ressources nécessaires à l'aliénation de ses immeubles. Mais elle ne pourrait les vendre dans un but de spéculation. Ce système introduit une distinction difficile, qui serait pleine de dangers pour les tiers. D'ailleurs il a contre lui le texte de l'art. 1449-2°, qui est général et absolu.

Nous voyons dans l'art. 1449-2°, la trace d'une doctrine courante dans notre ancien droit, en vertu de laquelle la femme séparée, comme le mineur émancipé, a l'administration de ses immeubles et la disposition de ses meubles. Les rédacteurs du Code ont subi l'influence de cette théorie, enseignée par nos anciens jurisconsultes.

Dumoulin estimait que la femme séparée de biens pouvait contracter et disposer comme si elle eût été fille ou veuve. Cette doctrine absolue, qui paraît avoir inspiré l'art. 234 de la Coutume de Paris, fut tempérée en pratique par la jurisprudence.

Ces tempéraments concernent surtout la capacité de la femme pour s'obliger ; ce n'est pas la question dont nous nous occupons en ce moment. En matière d'aliénation, la femme était assimilée au mineur émancipé. Or, celui-ci pouvait, sans contestation possible, disposer librement de ses meubles, même à titre gratuit. Ecoutons sur ce point nos anciens auteurs :

« Le pouvoir que la séparation de biens donne à la femme, dit Duplessis, est le même que l'émancipation, si ce n'est qu'il ne lui faut pas de curateur. La femme séparée de biens peut donc, sans le consentement de son mari, disposer de ses meubles ou des revenus de ses immeubles » (1).

D'après les articles 126 et 127 des Placités de Normandie, la femme séparée de biens a le droit de vendre ses meubles, de quelque valeur qu'ils puissent être. Pothier reconnaît à la femme séparée de biens le droit de disposer, même à titre gratuit, de son mobilier, sans l'autorisatisation de son mari. (2).

Telle est la tradition juridique qui s'est maintenue dans l'article 1449-2°. — Le droit nouveau ne reconnaît pas en principe à l'administrateur la capacité générale d'aliéner le mobilier; il la laisse à la femme mariée. Il n'y a là rien qui doive nous surprendre. La femme mariée, en effet, est administratrice, non pas de la fortune d'autrui, mais de sa propre fortune : elle n'est pas, comme le mineur, frappée d'une incapacité naturelle et nécessaire; il ne faut pas, d'ailleurs, la laisser sous la dépendance d'un mari qui, dans le cas où la séparation de biens résulte d'un jugement, sera fort peu disposé à se montrer bienveillant envers sa femme. Donc nous reconnaissons à la femme séparée la pleine capacité d'aliéner son mobilier à titre onéreux.

Cette décision renferme implicitement le droit, pour la femme séparée, de disposer de ses créances, droit qu'il faut lui reconnaître avec toutes les conséquences qui en

(1) Duplessis, Communauté, livre I, chap. IV, texte et note, etc.

(2) Don. entre-vifs, section 1re, art. 1.

(3) Les aliénations à titre gratuit lui demeurent interdites en vertu des articles 217 et 905.

découlent. La femme peut donc aliéner, à titre onéreux, ses meubles incorporels, fonds de commerce, actions, obligations; elle peut convertir ses titres nominatifs en titres au porteur; elle peut consentir une novation. Mais nous ne lui reconnaîtrons pas le droit d'accorder remise de la dette (sauf la remise résultant du vote au concordat), ni de renoncer aux sûretés qui garantissent le paiement de sa créance. Ce sont là, en effet, des actes à titre gratuit.

La femme mariée pourra-t-elle seule transiger ou compromettre sur des actions mobilières? Nous ne le croyons pas. Elle ne peut seule exercer ces actions, elle ne peut par conséquent en disposer. D'ailleurs, la transaction est un acte que la loi répute plus dangereux que l'aliénation; le législateur ne fait pas résulter nécessairement la capacité de transiger de la capacité d'aliéner. Il en est de même du compromis.

La femme séparée de biens peut laisser à son mari l'administration et la jouissance de son patrimoine. L'article 1539 s'occupe de cette situation. Il faut le compléter par les articles 1578 et 1579, qui règlent la situation des paraphernaux dont la femme laisse l'administration au mari.

Le mari ne peut jamais agir que comme mandataire de la femme. Son droit est donc entièrement subordonné à la volonté de la femme; il cesse complètement par la révocation de ce mandat. En cas de mandat exprès, le mari est tenu de rendre compte des fruits perçus, comme tout mandataire. En cas de mandat tacite, il n'est obligé que de représenter les fruits existants ; les fruits consommés sont présumés avoir été employés, du consentement de la femme, aux besoins du ménage. Ces règles s'appliqueraient aux fruits des meubles de la femme.

Le mari mandataire qui a pouvoir d'administrer ne peut faire aucun acte de disposition sans le concours de la femme. Il doit, en effet, se renfermer dans les limites de son mandat.

3. — Jusqu'à présent nous avons reconnu à la femme la capacité d'administrer et celle d'aliéner. En dehors de ces cas, elle demeure soumise à la nécessité de l'autorisation maritale. Par conséquent, elle ne peut seule acquérir sans cette autorisation, quand l'acte d'acquisition ne revêt pas le caractère d'un placement de capitaux disponibles ; elle ne peut accepter une donation ni un legs d'effets mobiliers. Elle ne peut s'obliger, si ce n'est dans les limites que comporte l'administration, c'est-à-dire pour la réparation et la conservation de ses biens. Nous ne lui attribuons pas la capacité générale de s'obliger, même en dehors de son administration, sauf à ne permettre aux créanciers d'agir que sur les meubles, seule portion dont la femme pouvait disposer directement ou indirectement. Il n'y a plus aujourd'hui, en principe, de dettes qui portent exclusivement sur une portion du patrimoine ; un tel résultat serait contraire à l'article 2092, qui, au contraire de ce qui se passait dans l'ancien droit, proclame le principe de l'unité du patrimoine. D'un autre côté, la femme est, en règle générale, incapable de s'obliger sans l'autorisation maritale (arti-

cles 217 et suivants). Elle n'est relevée de son incapacité que dans la mesure nécessaire pour lui permettre d'administrer librement. Dans ce cas exceptionnel, elle contracte des obligations exécutoires sur tout son patrimoine. Dans les autres cas, les obligations contractées par la femme séparée sans l'autorisation de son mari sont nulles et ne peuvent s'exécuter sur les meubles. En d'autres termes, si nous reconnaissons à la femme séparée de biens le droit d'aliéner directement son mobilier, nous nous refusons à lui reconnaître, en principe, le droit bien plus dangereux de l'aliéner indirectement.

La séparation de biens n'étend en aucune façon la capacité de la femme lorsqu'il s'agit d'ester en justice. L'art. 217, qui exige l'autorisation du mari, est général. La femme n'a donc pas le libre exercice des actions mobilières. Nous savons, d'ailleurs, que le droit d'aliéner et le droit de revendiquer en justice ne sont pas nécessairement liés à l'un à l'autre.

Conformément au principe posé ci-dessus, la femme ne pourra intenter une demande en partage d'une masse mobilière ni y défendre, sans l'autorisation de son mari.

4. — Les époux qui se marient sous le régine de séparation de biens agissent prudemment en faisant constater, à l'époque du mariage, l'état de la composition de leur mobilier, afin de prévenir les inconvénients qui pourraient naître de la confusion résultant de la communauté d'habitation. S'il n'ont pas pris cette précaution, les créanciers de l'un et l'autre époux devront être admis à saisir tout le mobilier que les époux possèdent ensemble,

sous réserve, pour l'époux non débiteur, du droit de distraire de la saisie les objets sur lesquels il démontrera son droit de propriété. Il n'y a d'ailleurs aucun moyen spécialement organisé pour cette preuve.

La solution que nous venons d'indiquer nous est inspirée, non pas par l'article 1510, mais par les principes généraux. Si l'on se refusait à l'admettre, il ne resterait aux créanciers de l'épouse séparée de biens aucun moyen de saisir le mobilier de son débiteur (1).

Entre eux, les époux pourront employer les modes ordinaires pour établir la consistance de leur mobilier. Nous croyons devoir leur reconnaître le droit d'invoquer la preuve par témoins, même pour une valeur supérieure à 150 francs; il n'y a, en effet, qu'une pure question de fait à résoudre.

(1) Cf. Aubry et Rau, 4e édit., § 533, note 8.

APPENDICE.

DU FONDS DE COMMERCE APPARTENANT A LA FEMME.

Nous réunissons ici les questions relatives à la propriété et à l'administration du fonds de commerce de la femme marchande séparée. Pour répondre à ces questions, nous nous demanderons d'abord, avec M. Boistel (2), quelle est la provenance des fonds au moyen desquels la femme fait le commerce.

1. *Régime de communauté.* — Sous ce régime, la femme n'a pas de capitaux à sa disposition. Elle fera donc le commerce avec des deniers provenant de son mari ou d'un tiers.

A. *De son mari.* — Nous supposons, avec le législateur (art. 220), que le mari, au moyen des deniers communs, constitue à la femme un commerce séparé. Si le fonds de commerce, étant acquis des deniers communs, appartient à la communauté, il n'en est pas moins vrai de dire que le mari a renoncé tacitement ou expressément au droit d'administration qui lui appartient sur les effets communs. C'est là une dérogation prévue par le législa–

(1) Boistel. Précis de droit commercial, 2e édit., no 100, in fine.

teur; sans cela, l'art. 220 serait inexplicable. D'ailleurs, le mari surveille l'administration de la femme, et ce droit de surveillance se manifestera, au besoin, par le retrait de l'autorisation accordée à la femme.

Donc, le fonds de commerce est, dans ce cas, un bien commun administré par la femme, et dont les produits (bénéfices) appartiennent à la communauté.

B. *D'un tiers.* — Un tiers peut donner à la femme des capitaux, à charge de les employer à l'achat d'un fonds de commerce qui sera propre à la femme. — En ce cas, les formalités d'emploi étant accomplies, le fonds de commerce acquis de ces deniers est un propre parfait. — Il résultera généralement des circonstances de la donation que le donateur a entendu laisser à la femme l'administration et la jouissance de ce propre; cette intention devra être respectée, car rien ne s'oppose à ce qu'une condition de ce genre soit introduite dans une donation.

2. — Un tiers peut-il prêter des deniers à la femme, en stipulant qu'ils seront employés à la constitution ou à l'achat d'un fonds de commerce exclu de la communauté?

Nous admettrons la validité de cette clause dans le prêt (1), à la condition qu'elle sera l'œuvre de la volonté personnelle du tiers. — En effet, dans cette hypothèse, nous nous rapprochons beaucoup du cas de la donation :

(1) Précis de droit commercial, 2e édition, nos 100 et suiv.

En effet, comme en matière de donation, la femme subit une situation qu'elle ne peut modifier ; le tiers lui fait la loi, il n'aurait pas prêté, comme il n'aurait pas donné sans l'insertion de la clause d'exclusion de communauté. On peut dire qu'une telle clause saisit la valeur qui en est l'objet à son entrée dans le patrimoine, et la frappe de quelque sorte d'inaliénabilité vis-à-vis de la communauté. D'ailleurs, une intention de libéralité envers la femme inspirera toujours des opérations de ce genre.

Nous n'hésiterions pas à déclarer nulle la clause d'exclusion de communauté qui aurait été insérée par complaisance pour les époux, sur leurs sollicitations, alors que le tiers eût vu indifféremment la valeur acquise tomber en communauté ou demeurer propre. En effet, les époux ne peuvent par leur initiative, modifier leurs conventions matrimoniales. Nous ne nous dissimulons pas que ce point soulèvera des questions de preuve très-délicates, mais la preuve, pour être difficile, ne sera pas impossible, et ces difficultés ne suffisent pas pour nous déterminer à rejeter une solution équitable et utile.

II. *Régime de communauté d'acquêts.* — Nous nous référons aux solutions que nous venons de donner en matière de communauté légale.

III. *Régime d'exclusion de communauté.* — Sous ce régime, la femme ne peut avoir des capitaux à sa disposition. Il faut donc reprendre la distinction entre les capitaux qui lui sont confiés par le mari et ceux qui lui sont confiés par un tiers. Avec les capitaux du mari, la femme peut se constituer un fonds de commerce qui lui appartiendra en propre, sauf la créance en remboursement de fonds que le mari lui a prêtés. Quant aux bénéfices, c'est une question de savoir s'ils appartiennent au mari ou à la femme. Nous examinons cette question au chapitre consacré à l'exclusion de communauté.

Si les fonds viennent d'un tiers, ce tiers a probablement stipulé expressément ou tacitement que la valeur donnée ou portée par lui serait soustraite à l'administration et à la jouissance du mari. — Le fonds de commerce ainsi acquis appartient donc en propre à la femme. — La situation de ce bien est analogue à celle d'un meuble paraphernal; la volonté du tiers a combiné le régime de séparation de biens avec le régime d'exclusion de communauté, ce qui est licite.

IV. — *Régime de séparation de biens.* — La femme peut avoir, sous ce régime, des capitaux à elle. Elle peut, avec l'autorisation de son mari, les employer au commerce; il est incontestable que le fonds de commerce ainsi constitué fait partie de la fortune personnelle de la femme.

POSITIONS

DROIT ROMAIN

I. — La législation romaine a toujours admis l'existence d'associations de gens du même métier.

II. — La législation de l'époque classique ne distinguait pas le droit d'association de la personnalité civile (p. 109).

III. — La personne civile ne peut être tenue des délits commis par ses administrateurs que dans la mesure où elle en a profité.

IV. — La loi 27, D., XII, 1, ne consacre pas un privilége au profit des cités. La solution donnée par cette loi résulte de l'incapacité où se trouvent les personnes morales d'avoir une volonté (p. 129).

V. — Ni les *chirographa*, ni les *syngraphæ* n'ont été, à aucune époque, une forme spéciale de contrat pour les Romains.

VI. — Dans le droit du Bas-Empire, le débiteur tenu en vertu d'un billet constatant un prêt, même après l'expiration du délai accordé pour invoquer la présomption de non-numération, n'est pas tenu en vertu d'un contrat *litteris*.

VII. — La loi 30, C., *de jure dotium*, confère à la femme un droit réel sur les biens dotaux.

VIII. — A l'époque classique, le possesseur de bonne foi n'est pas tenu de rendre les fruits non consommés avant la *litis contestatio* de l'action en revendication.

IX. — A l'époque classique, l'usucapion *ex causa lucrativa* ne peut s'accomplir si le possesseur cesse d'être de bonne foi pendant la durée du délai nécessaire pour usucaper.

HISTOIRE DU DROIT

I. — La communauté s'est surtout développée dans les villes commerçantes.

II. — Les jurisconsultes de la dernière époque de l'ancien droit sont arrivés à dégager la notion des meubles propres parfaits.

DROIT CIVIL

I. — Les aliments, dus en vertu de dons ou de legs, sont incessibles, encore que le donateur ne l'ait pas déclaré formellement (p. 193).

II. — La part du trésor attribuée à un conjoint tombe en communauté (p. 199).

III. — Le meuble donné en paiement d'une créance propre est un propre (p. 201).

IV. — La créance du prix d'un immeuble vendu par un conjoint entre la date du contrat de mariage et celle de la célébration du mariage ne tombe pas en communauté (p. 203).

V. — L'indemnité due par une compagnie d'assurances à l'occasion de la destruction d'un propre ne tombe pas en communauté (p. 205).

VI. — La soulte d'une succession purement immobilière advienne à l'un des conjoints ne tombe pas en communauté (p. 205).

VII. — Lorsque le mari et la femme ont stipulé d'une compagnie d'assurances sur la vie que, moyennant le paiement de primes, un capital sera fourni au survivant lors du décès du prémourant, le capital ainsi fourni est un acquêt ; les conjoints se sont fait mutuellement donation de leur part dans cet acquêt (p. 212).

VIII. — Les meubles réalisés demeurent la propriété de chacun des conjoints, sauf les exceptions prévues par l'art. 1851 (p. 221 et suiv.).

XI. — La règle « estimation vaut vente » est générale dans notre droit, en matière mobilière (p. 225).

X. — En principe, l'aliénation des meubles excède les pouvoirs de l'administrateur de la chose d'autrui (p. 236).

XI. — Le mari ne peut à lui seul aliéner les meubles propres de sa femme (p. 245).

XII. — Il peut à lui seul toucher le montant des créances de sa femme (p. 245).

XIII. — Le mari ne peut à lui seul consentir un concordat à un débiteur de sa femme en état de faillite (p. 246).

XIV. — La conversion des titres nominatifs en titres au porteur dépasse les pouvoirs de l'administrateur (p. 249).

XV — Le mari ne peut à lui seul céder le droit à une édition d'une œuvre intellectuelle de sa femme, lorsque le droit de reproduction se trouve exclu de la communauté (p. 251).

XVI. — L'art. 1428 enlève à la femme le droit d'intenter les actions mobilières, même avec l'autorisation de justice (p. 256).

XVII. — Les primes de remboursement des obligations doivent être considérées comme une part de capital, et non comme une part de revenus (p. 260).

XVIII. — Lorsque les parties ont stipulé une société d'acquêts accessoire au régime dotal, la femme conserve l'administration de ses paraphernaux (p. 269).

XIX. — La femme séparée de biens peut, **en tous cas**, aliéner son mobilier sans l'autorisation de son mari (p. 293).

XX. - Le tiers qui prête des deniers à l'un des époux peut stipuler que la valeur fournie par lui n'entrera pas en communauté (p. 302).

XXI. — Sous le régime d'exclusion de communauté, le mari a droit aux bénéfices provenant de l'industrie ou du travail de la femme (p. 286).

DROIT INTERNATIONAL.

I. — Le Français ayant-cause d'un étranger pour invoquer le bénéfice de l'art. 14 du Code civil quand il est poursuivi pour des obligations nées du chef de cet étranger.

II. — La naturalisation du mari entraîne le changement de nationalité de la femme.

DROIT CRIMINEL.

I. — Le décès du mari, depuis la plainte en adultère, n'éteint pas l'action du ministère public.

II. — Le mari poursuivi pour adultère ne peut invoquer comme fin de non-recevoir l'adultère de la femme.

III. — Lorsque le tribunal correctionnel a prononcé l'acquittement de la femme poursuivie pour adultère, l'appel du mari, sans le concours du ministère public, n'autorise point le juge d'appel à infliger des peines à la prévenue.

Vu : le Doyen,
G. COLMET-DAAGE.

Vu par le Président de la thèse,
J.-E. LABBÉ.

Vu et permis d'imprimer :
Le Vice-Recteur de l'Académie de Paris,
A. MOURIER.

TARLE DES MATIÈRES

DROIT ROMAIN

Les Colléges industriels

PREMIERE PARTIE.

Histoire extérieure des colléges.

DEUXIEME PARTIE.

Organisation intérieure des colléges.

TROISIEME PARTIE.

Situation juridique des colléges.

DROIT FRANCAIS

Des droits du mari et de la femme sur la fortune mobilière propre à la femme en dehors du régime dotal.

INTRODUCTION HISTORIQUE

PREMIÈRE PARTIE

La fortune mobilière propre de la femme commune en biens

DEUXIÈME PARTIE

Les régimes sans communauté et de séparation de biens.

Paris. — Imp. MALVERGE e DUBOURG, rue du Cardinal-Lemoine, 41.

Printed in Dunstable, United Kingdom

91221346R00179